Lasko / Seim · Die Wow-Präsentation

Wolf W. Lasko und Iris Seim

Die Wow-Präsentation

72 Storys und Zitate
für Ihren mitreißenden Auftritt

GABLER

Die Deutsche Bibliothek – CIP-Einheitsaufnahme

Lasko, Wolf W.:
Die Wow-Präsentation: 72 Stories und Zitate für Ihren mitreißenden Auftritt /
Wolf W. Lasko und Iris Seim. – Wiesbaden : Gabler, 1999
ISBN 3-409-18975-0

1. Nachdruck 2000

© Betriebswirtschaftlicher Verlag Dr. Th. Gabler GmbH, Wiesbaden, 1999
Lektorat: Manuela Eckstein

Der Gabler Verlag ist ein Unternehmen der Fachverlagsgruppe
BertelsmannSpringer.

www.gabler.de

Höchste inhaltliche und technische Qualität unserer Produkte ist unser Ziel. Bei
der Produktion und Verbreitung unserer Bücher wollen wir die Umwelt schonen:
Dieses Buch ist auf säurefreiem und chlorfrei gebleichtem Papier gedruckt. Die
Einschweißfolie besteht aus Polyäthylen und damit aus organischen Grundstoffen,
die weder bei der Herstellung noch bei der Verbrennung Schadstoffe freisetzen.

Die Wiedergabe von Gebrauchsnamen, Handelsnamen, Warenbezeichnungen
usw. in diesem Werk berechtigt auch ohne besondere Kennzeichnung nicht zu
der Annahme, daß solche Namen im Sinne der Warenzeichen- und Markenschutz-
Gesetzgebung als frei zu betrachten wären und daher von jedermann benutzt
werden dürften.

Umschlaggestaltung: Schrimpf und Partner, Wiesbaden
Satz: ITS Text und Satz GmbH, Herford
Druck und buchbinderische Verarbeitung: Wilhelm & Adam, Heusenstamm
Printed in Germany

ISBN 3-409-18975-0

Für Anne-Liv, Kari-Linn, Lara
und alle Kinder dieser Welt

Prolog

„Weshalb sprichst du immer in Gleichnissen?", fragte ein Mann seinen Freund. „Die Leute halten dich deshalb für hochmütig und machen sich über dich lustig. Es ist mir allmählich peinlich, dein Freund zu sein." „Du gleichst einem Papagei", erwiderte der Freund und ging seiner Wege. Der andere lief wütend hinter ihm her. „Wie konntest du mich nur so beleidigen?", rief er und drohte seinem Freund mit Schlägen. „Weshalb bist du so wütend?", fragte dieser. „Hast du denn überhaupt nicht verstanden, was ich mit diesem Gleichnis sagen wollte?" „Aber das versteht doch jedes Kind", erwiderte der Gefragte ärgerlich. „Du wolltest damit sagen, dass ich gedankenlos nachplappere, was andere reden; dass ich keine eigene Meinung habe, dass ich leere Worte von mir gebe, ohne zu wissen, was sie bedeuten; dass ich ..." „Siehst du", unterbrach ihn sein Freund, „wie viele Worte du brauchst, um das zu sagen, was ich mit einem Wort gesagt habe? Eben deshalb spreche ich in Gleichnissen, sie sind kurz und treffend; und jeder kann sie verstehen. Sie sind das Bekannte, durch das wir uns das Unbekannte verständlich machen, indem wir dieses mit jenem vergleichen." „Du hast recht", gestand der andere, „und ich bin stolz darauf, dein Freund zu sein".[1]

Eine treffende Kurzgeschichte bringt das, was sie vermitteln möchten, auf den Punkt. Schnell. Direkt. Ohne Umschweife. Kurzgeschichten sind Modelle der Wirklichkeit und nicht die Erfahrung selbst. Sie laden dazu ein, über bestimmte Dinge im Leben neu und anders nachzudenken, und geben uns die Gelegenheit, neue, vielleicht nützlichere Perspektiven zu gewinnen. Seit jeher war das Erzählen von Kurzgeschichten, Metaphern, Parabeln oder Gleichnissen eine Möglichkeit, praktische Lebenshilfe zu geben. Menschen wurden zum Lachen oder Weinen gebracht, oder ihnen wurde durch Identifikation zu einer Lösung verholfen. Das oft in der Alltagssprache mühsam Gesprochene wird in der Kurzgeschichte konzentriert auf die wesentliche Substanz gebracht. Vielschichtige, komplexe Ideen werden zu einfachen Bildern, die vielleicht im Verstand „klick" machen und die Botschaft zum Herzen transportieren. Eigene Gefühle und Erfahrungen werden mit bestimmten Kurzgeschichten so kombiniert, dass die Wörter eine Perlenschnur bilden, auf der wir unsere Erfahrungen neu aufreihen. Die alten Wahrnehmungsmuster der Zuhörenden werden durchbrochen, um ihnen neue Sichtweisen zu eröffnen.

Kurzgeschichten können auf vielfältige Art und Weise wirken. Sie können Konzepte verändern oder auch ganz einfach Widerstände umgehen, indem sie Distanz schaffen. Kurzgeschichten laden dazu ein, über die eigenen Wünsche oder Konflikte nachzudenken oder neue Lösungsmöglichkeiten auszuprobieren. Ihr Zuhörer ist betroffen, aber nicht verletzt. Da es eine Vielzahl von Interpretationsmöglichkeiten gibt, kann jeder Leser oder Hörer Rückschlüsse auf die eigene Person ziehen, denn der Inhalt spricht über sich selbst und hat mehrere Bedeutungsebenen.

Die richtige Geschichte zur richtigen Zeit ist ein goldener Schlüssel, der das logische Denken überlistet und die Tür zum Herzen öffnet, ohne zu belehren. Die Geschichten in diesem Buch sind sorgfältig ausgewählt und so abwechslungsreich, dass für jeden etwas dabei ist.

Das Buch gliedert sich in zwölf Kapitel, die jeweils sechs Kurzgeschichten umfassen. Zu jedem Kapitel gehört eine Einleitung und zu jeder Geschichte passende Zitate sowie ein Kommentar. Die Kapitel sind bewusst in der vorliegenden Reihenfolge angeordnet. Sie können als Bausteine oder Stationen betrachtet werden, die in ihrer Abfolge eine Entwicklung ermöglichen – sowohl bei sich selbst als auch mit anderen, beispielsweise im Trainings- und Seminarkontext, als Redner und bei Präsentationen.

Wenn Sie jedoch gleich schon für einen konkreten Anlass eine passende Geschichte suchen, können Sie sich an den Kapitelthemen orientieren, die sich alle auf das führungsrelevante Umfeld beziehen.

Gezielt eingesetzt und geschickt plaziert, können Sie mit diesen Geschichten oder Zitaten in Vortrag oder Präsentation Schwung hineinbringen. Überraschen Sie Ihre Zuhörer! Regen Sie sie zum Mit- und Nachdenken an! Lassen Sie sie ihre eigenen Schlüsse ziehen! Nicht selten werden sich die Zuhörer noch lange Zeit danach an die gelungene Präsentation oder den gekonnten Vortrag erinnern, denn die Geschichten werden sie weiterhin durch ihr Leben begleiten.

Vielleicht regt Sie diese Sammlung an, beim Lesen und Hören selbst fündig zu werden und sich für Ihre Präsentations- und Vortragszwecke ergänzend eine eigene Sammlung anzulegen.

Man sagt, jede Kurzgeschichte hat sieben Deutungen. Finden Sie Ihre heraus!

Viel Spaß wünschen Ihnen

WOLF W. LASKO und IRIS SEIM

Inhalt

Visionen & Ziele

Ohne Ziel zu leben bedeutet für einige Menschen, sich in einer illusionären Sicherheit ewiger Zufriedenheit zu wägen. Man muss sich nicht stellen, keine Herausforderung annehmen. Jedoch ist die einzige unveränderbare Sicherheit im Leben, dass nichts unveränderbar oder sicher ist. Sich bewusst Ziele zu setzen heisst, die Unsicherheit zu akzeptieren und die eigene Richtung zu verantworten. Man entdeckt keine neuen Länder, wenn man nicht bereit ist, das (Heimat-)Land aus den Augen zu verlieren – manchmal für eine lange Zeit. Das Wichtigste ist die Erkenntnis, dass Sie unbegrenzte Möglichkeiten haben; nur nicht unbegrenzt Zeit. Sie können jedes Ziel erreichen, nur nicht alle!

Bleibt nur die Frage: Was wollen Sie? Welche sind Ihre Ziele? Was wollen die Menschen, die Sie lieben und Ihnen nahestehen? Was ist Ihre Vision im Unternehmen, im Beruf? Ein Ziel erreichen zu können, setzt zweierlei voraus: Wille und Vorstellung. Haben Sie schon einmal versucht, ein Puzzle zusammenzusetzen, ohne vorher das vollständige Bild gesehen zu haben? Die Fähigkeit, Ihre persönlichen Ressourcen optimal zu nutzen, wird im Wesentlichen durch Ihr Ziel und dessen Messkriterien gesteuert. Ziele sollten positiv formuliert sein und messbar. Sie müssen eigeninitiativ erreichbar sein, und alle Einwände, die Sie bisher gehindert haben, Ihr Ziel zu erreichen, sollten integriert sein. Dabei könnte es sinnvoll sein, sich zu fragen, ob die Familie beispielsweise einer beruflichen Veränderung positiv gegenübersteht, denn vielleicht gehören ein Umzug und Schulwechsel der Kinder zu dem Preis, den Sie bezahlen müssten. Jedes Ansteuern eines Ziels bedeutet Verzicht auf ein anderes Ziel.

Wir alle haben Ziele, bewusst oder unbewusst. Egal wie, sie wirken auf unser Leben ein. Schicksal ist keine Glücksache, sondern eine Frage der Wahl. Schicksal ist nicht etwas, auf das man warten sollte, sondern etwas, das man erringen sollte. Nichtsdestotrotz fehlt es einigen unserer Ziele, wie „ich muss schon wieder in dieses unangenehme Meeting", an Anziehungskraft. *Das erste Geheimnis*, wie Sie Ihre tiefste innere Kraft befreien können, liegt darin, sich Ziele zu setzen, die so attraktiv und aufregend sind, dass Ihre Kreativität beflügelt wird und Ihre Leidenschaften geweckt werden. *Das zweite Geheimnis* verrät uns Ouspensky: „Um die Zukunft zu kennen, muss man erst die Gegenwart kennen, ebenso die Vergangenheit. Der heutige Tag ist, wie er ist, weil der gestrige war, wie er war. Und wenn Heute wie Gestern ist, dann wird Morgen wie Heute sein. Und wenn Sie wollen, dass Morgen anders ist, müssen Sie das Heute anders machen. Wenn Heute nur eine Folge von Gestern ist, wird Morgen in genau der gleichen Weise eine Folge von Heute sein."

1. Der David des Michelangelo

Die Signoria Florenz hatte einen großen Marmorblock bestellt und einen Bildhauer beauftragt, daraus eine Figur zu meißeln. Entweder war der Bildhauer kein sehr großer Bildhauer, oder der Stein war schlecht gebrochen – der Bildhauer wusste mit dem Block nichts anzufangen. Er sah keine Möglichkeit, aus diesem Marmor eine Figur herauszuholen.

So lag der große Block herum. Die Versuche des hilflosen Bildhauers hatten ihm nicht gut getan. Andere Bildhauer kamen, schauten und gingen wieder. Mit diesem Stein war nichts mehr anzufangen. Eines Tages kam Michelangelo, der berühmte Maler und Bildhauer, in seine Vaterstadt. Ob ihm der Stein aufgefallen war, oder ob man ihn darauf aufmerksam gemacht hatte – er begann sich mit ihm zu beschäftigen. Er schaute ihn an. Er schätzte seinen Umfang. Er maß ihn ab. Er überlegte. Immer deutlicher sah er vor sich noch im Stein die Figur, welche die Florentiner wünschten. Er sah den David, die Schleuder auf der Schulter, die Kieselsteine in der Hand, wie er gelassen und gelöst zum Kampf gegen Goliath ausschritt.

Die anderen sahen nur einen Steinblock, der unnötig und unbrauchbar im Weg lag. Michelangelo sah bereits den David. Er sah ihn in dem verpfuschten Marmor. Er nahm Hammer und Meissel und begann zu arbeiten. Die Neunmalklugen lachten. Wussten sie doch, dass aus diesem Block nichts mehr werden könne. Er aber meißelte. Während sie noch redeten, argumentierten und bewiesen, dass auch er scheitern werde, wuchs unter seinen Händen eine der großen Plastiken der Welt.

Vision ist die Kunst, Unsichtbares zu sehen.

Jonathan Swift

„If you can dream it, you can do it."

Die erste Voraussetzung zur Zielerreichung ist es, Ihrem Willen eine Form zu geben: Die FORM-ulierung Ihres Ziels. Ohne die Vorstellung ist dies aber zu wenig. Erst die Vorstellung von der Vollendung Ihres Zieles, beispielsweise durch die Frage: „Was genau gibt es zu hören, riechen, fühlen, schmecken, wenn Sie Ihr Ziel erreicht haben?", gibt Ihnen die nötige Energie, damit aus der Vorstellung Wirklichkeit wird.

Alles, von dem sich der Mensch eine Vorstellung machen kann, ist machbar.

Wernher von Braun

Ihr Kommentar:

_____

_____

_____

_____

2. Der Russe

Ein alter, weiser Russe lag im Sterben und rief seine drei Söhne zusammen. „Nun wird es Zeit, einen würdigen Nachfolger für mein Erbe zu finden. Derjenige, der in der geradesten Linie über dieses mit Schnee bedeckte Feld gehen kann, wird das ganze Land erhalten."

Der erste Sohn schritt entschlossen voran. Ab und zu schaute er zurück, um zu sehen, wie gut er es machte und korrigierte seine Richtung. So ging er in einer mehr oder weniger geraden Linie über das Feld.

Der zweite Sohn sah diese Methode und dachte, er könne es besser machen. Er macht sich rückwärts gehend auf den Weg, damit er die Linie, die er im Schnee machte, sehen und sie kontinuierlich berichtigen konnte.

Der dritte Sohn nahm sich einen Baum am Horizont ins Visier, hielt sein Auge auf den Baum gerichtet und ging Schritt für Schritt weiter. So zog er eine perfekte, gerade Linie über den Schnee. „Nur wer seine Ziele im Auge behält und geradewegs ohne Umschweife darauf zusteuert, ist würdig, mein Erbe anzutreten", sagte der Vater zu seinem dritten Sohn und schlief friedlich für immer ein.

Wer seinen Weg kennt, schließt sich keiner Karawane an.
Arabisches Sprichwort

Welche Ziele verfolgen Sie? Was motiviert Sie, all die Dinge zu tun, die Sie gerade tun? Wofür lohnt es sich für Sie zu leben? Könnten Sie spontan antworten? Es soll Menschen geben, die ihr Leben lang auf der Suche sind und sich wundern, dass sie ihre Ziele nicht finden. Wer keine Ziele hat, gibt die Verantwortung für sein Leben ab.

Ziele schenken uns den Weg, und der Weg ist das Ziel. Zu wissen, was Sie wollen, und zu wissen, dass das, was Sie wollen, es wert ist zu wollen, können Sie nur feststellen, wenn Sie Ihr Ziel im Auge behalten und gleichzeitig den Weg dorthin auch genießen können.

Unsere Realität wird von unserer Vorstellung der Realität beeinflusst, gleich welcher Art diese Vorstellung ist.

Joseph Chilton Pearce

Ihr Kommentar:

_____

_____

_____

_____

3. Beppo, der Straßenkehrer

Der Alte hieß Beppo Straßenkehrer. In Wirklichkeit hatte er wohl einen anderen Nachnamen, aber da er von Beruf Straßenkehrer war und alle ihn deshalb so nannten, nannte er sich selbst auch so.

Er fuhr jeden Morgen lange vor Tagesanbruch mit seinem alten, quietschenden Fahrrad in die Stadt zu einem großen Gebäude. Dort wartete er in einem Hof zusammen mit seinen Kollegen, bis man ihm einen Besen und einen Karren gab und ihm eine bestimmte Straße zuwies, die er kehren sollte.

Beppo liebte diese Stunden vor Tagesanbruch, wenn die Stadt noch schlief. Und er tat seine Arbeit gern und gründlich. Er wusste, es war eine sehr notwendige Arbeit. Wenn er so die Straßen kehrte, tat er es langsam, aber stetig: Bei jedem Schritt einen Atemzug und bei jedem Atemzug einen Besenstrich. Schritt – Atemzug – Besenstrich. Schritt – Atemzug – Besenstrich. Dazwischen blieb er manchmal ein Weilchen stehen und blickte nachdenklich vor sich hin. Und dann ging er weiter – Schritt – Atemzug – Besenstrich.

Während er sich so dahinbewegte, vor sich die schmutzige Straße und hinter sich die saubere, kamen ihm oft große Gedanken. Aber es waren Gedanken ohne Worte, Gedanken, die sich so schwer mitteilen ließen wie ein bestimmter Duft, an den man sich nur gerade eben noch erinnert, oder wie eine Farbe, von der man geträumt hat. Nach der Arbeit, wenn er bei Momo saß, erklärte er ihr seine großen Gedanken. Und da sie auf ihre besondere Art zuhörte, löste sich seine Zunge, und er fand die richtigen Worte.

„Siehst du, Momo", sagte er dann zum Beispiel, „es ist so: Manchmal hat man eine sehr lange Straße vor sich. Man denkt, die ist so schrecklich lang; das kann man niemals schaffen, denkt man." Er blickte eine Weile schweigend vor sich hin, dann fuhr er fort: „Und dann fängt man an, sich zu eilen. Und man eilt sich immer mehr. Jedesmal, wenn man aufblickt, sieht man, dass es gar nicht weniger wird, was noch vor einem liegt. Und man strengt sich noch mehr an, man kriegt es mit der Angst zu tun und zum Schluss ist man ganz außer Puste und kann nicht mehr. Und die Straße liegt immer noch vor einem. So darf man es nicht machen."

Er dachte einige Zeit nach. Dann sprach er weiter: „Man darf nie an die ganze Straße auf einmal denken, verstehst du? Man muss nur an den nächsten Schritt denken, an den nächsten Atemzug, an den nächsten Besenstrich. Und immer wieder nur an den nächsten." Wieder hielt er inne und überlegte, ehe er hinzufügte: „Auf einmal merkt man, dass man Schritt für Schritt die ganze Straße gemacht hat. Man hat gar nicht gemerkt wie, und man ist nicht außer Puste."

Er nickte vor sich hin und sagte abschließend: „Das ist wichtig."

Bewahre mich vor der Angst, ich könnte das Leben versäumen. Gib mir nichts, was ich mir wünsche, sondern was ich brauche. Lehre mich die Kunst der kleinen Schritte.

Antoine de Saint-Exupéry

Große Ziele in kleine Zwischenziele bzw. Milestones zu unterteilen, macht zweierlei Sinn: Zum einen, um Erfolgserlebnisse und die nötige Motivation für die weitere Zielverfolgung zu haben, und zum anderen, um Kurskorrekturen vornehmen zu können, wenn feststeht, dass ein Ziel auf dem bisherigen Weg nicht erreichbar ist.

Wenn das Leben keine Vision hat, nach der man sich sehnt, die man verwirklichen möchte, dann ist es auch kein Motiv, sich anzustrengen.

Erich Fromm

Ihr Kommentar:

_____

_____

_____

_____

4. Endstation

Zwei 70-jährige Freunde sitzen bei einem guten Wein, philosophieren über das Leben und was sie nun mit ihrer verbliebenen Zeit noch alles anfangen wollen. „Heute morgen", sagte der eine, „hatte ich ein Erlebnis, das mir zeigt, dass wir uns auf dem richtigen Weg befinden: Ich saß im Bus in die Stadt, da ich noch dem Tanzverein für Singles beitreten wollte. Mir gegenüber saß eine Frau, die ich von früheren Zeiten flüchtig kannte. Sie war sehr ängstlich, sie zitterte und fragte jedesmal den Fahrer, wie die Station hieß.

Ein Fremder, der neben ihr saß, sagte: ‚Entspannen Sie sich, machen Sie sich keine Sorgen. Der Schaffner ruft jede Station auf, und wenn Sie sich zu große Sorgen machen, werde ich sogar den Schaffner rufen. Sie können ihm sagen, wo Sie aussteigen wollen, dann kann er daran denken. Beruhigen Sie sich doch.' Er rief den Schaffner, und die Frau sagte: ‚Bitte denken Sie daran. Ich möchte auf keinen Fall meine Haltestelle verpassen. Ich muss unbedingt dahin, wo ich hinfahre.'

Der Schaffner sagte: ‚In Ordnung, ich werde es mir merken. Auch wenn Sie nicht gefragt hätten, hätte ich die Stationen ausgerufen, aber jetzt werde ich es mir speziell merken, und ich werde extra zu Ihnen kommen und es Ihnen sagen, wenn Ihre Haltestelle kommt. Machen Sie sich also keine Sorgen. Wo wollen Sie denn aussteigen?' Die Frau – schweißgebadet, zitternd und angespannt – sagte: ‚Oh, ich danke ihnen. Merken Sie sich bitte – meine Haltestelle heißt »Endstation«.'"

Am Ende gilt doch nur, was wir getan und gelebt – und nicht, was wir ersehnt haben.

Arthur Schnitzler

Ziele sind die Gedanken von Heute und die Gewinne von Morgen. Durch unsere Ziele erschaffen wir unsere eigene Welt, für die wir selbst verantwortlich sind. Gemäß unseren Überzeugungen und Werten zu handeln ist richtig, wenn auch nicht immer bequem. Der Fokus in uns selbst bestimmt, was wir sehen und demnach auch die Reaktionen, die wir auf diese Sichtweisen erhalten. Was unserem Standpunkt entspricht, ist das, was wir für richtig und wichtig halten. Alles, was uns zustößt, ist ein Echo auf das, was wir sind. Es liegt in unserer Verantwortung, ob die Welt uns das gibt, was wir erwarten. Hinzu kommt, dass die Erinnerung das einzige Paradies ist, aus dem wir nicht vertrieben werden können.

Wer das Saatgut isst, erspart sich den Erntewagen.

Sprichwort

Ihr Kommentar:

_____

_____

_____

_____

5. Der Wunderknabe

Es war einmal ein Wunderknabe, der über alles Bescheid wusste und darüber hinaus ein ausgezeichneter Redner war, der den schwierigsten Fragen die größten Worte angedeihen ließ und manchmal auch die längsten. Von weither kamen die Menschen, um ihn sprechen zu hören, sein Ruf ging in die Welt hinaus, und bald wollte man überall von seinem Wissen profitieren.

So machte er sich auf die Wanderschaft und nahm sich vor, die ganze Welt, über die er gesprochen hatte, nun auch zu berühren. Doch kaum eine Stunde von zu Hause, kam er an einen Scheideweg, der ihn zwang, zwischen drei Möglichkeiten zu wählen, denn nicht einmal ein Wunderknabe kann gleichzeitig in verschiedene Richtungen gehen.

Er ging geradeaus weiter und musste dabei links ein Tal und rechts ein Tal ungesehen liegen lassen. Schon war seine Welt zusammengeschrumpft. Auch bei der nächsten Gabelung büßte er Möglichkeiten ein und ebenso bei der dritten und bei der vierten.

Jeder Weg, den er einschlug, jede Wahl, die er traf, trieben ihn in eine engere Spur. Und wenn er auf den Dorfplätzen sprach, wurden die Sätze immer kürzer. Die Rede floss ihm nicht mehr wie einst, als er ins Freie getreten war. Sie war belastet von Unsicherheit über das unbegangene Land, das er schon endgültig hinter sich gelassen wusste.

So ging er, wurde älter dabei und war schon längst kein Wunderkind mehr. Er hatte tausend Wege verpasst und viele, viele Möglichkeiten auslassen müssen. Er sprach immer weniger Worte, und kaum jemand kam noch, ihn anzuhören. Er setzte sich auf einen Meilenstein und sprach nun nur noch zu sich selbst: „Ich habe immer nur verloren: An Boden, an Wissen, an Träumen. Ich bin mein Leben lang kleiner geworden. Jeder Schritt hat mich von etwas weggeführt. Ich wäre besser zu Hause geblieben, wo ich noch alles wusste und hatte, dann hätte ich nie entscheiden müssen, und alle Möglichkeiten wären noch da."

Müde, wie er war, ging er dennoch den Weg zu Ende, den er einmal begonnen hatte, es blieb ja nur noch ein kurzes Stück. Abzweigungen gab es jetzt keine mehr, nur die eine Richtung war noch übrig. Plötzlich war der Pfad zu Ende, er schaut sich um und merkte erstaunt, dass er auf einem Gipfel stand. Der Boden, den er verloren hatte, lag in Terrassen unter ihm. Er überblickte die ganze Welt, auch die verpassten Täler, und es zeigte sich, dass er im kleiner und kürzer Werden ein Leben lang aufwärts gegangen war.

Wer den Hafen nicht kennt, in den er segeln will, für den ist kein Wind ein günstiger.

Seneca

Sie können jedes Ziel erreichen, aber nicht alle. Jede Entscheidung in Ihrem Leben für etwas ist gleichzeitig eine Entscheidung gegen etwas anderes.

Selbstverantwortung bedeutet, die Verantwortung für die Wahl zu übernehmen und den Preis dafür zu zahlen.

Wer nur eine Wahl hat, ist ein Roboter. Wer zwei Wahlmöglichkeiten hat, ist im Dilemma. Wer drei Wahlmöglichkeiten hat, hat die Wahl.

Seminarerfahrung

Ihr Kommentar:

_____

_____

_____

_____

6. Im Land der Vagheit

Es war einmal im Land der Vagheit, da rief der König Aling seinen Vetter Ding und befahl: „Geh hinaus ins Vagenland und suche mir den gütigsten Mann, den ich für seine Güte belohnen will". „Aber wie soll ich ihn erkennen, wenn ich ihn sehe?", fragte der Vetter. „Wieso, er wird geweiht sein", brummte der König und schlug ihm für seine Ungehörigkeit einen Arm ab.

Also zog der Vetter hinaus, um einen gütigen Mann zu finden. Aber bald kam er zurück, mit leeren Händen und verstört. „Aber wie soll ich ihn nur erkennen, wenn ich ihn sehe?", fragte er wieder. „Wieso, er wird geweiht sein," brummte der König und schlug ihm für seine Ungehörigkeit den zweiten Arm ab.

Also ging der Vetter wieder von dannen, um nach dem gütigsten Menschen zu suchen. Aber bald kam er zurück, verstört und mit leeren Händen. „Aber wie soll ich ihn nur erkennen, wenn ich ihn sehe?", machte er geltend. „Wieso, er wird sein wachsendes Bewusstsein verinnerlicht haben", fauchte der König und schlug ihm für diese Ungehörigkeit ein Bein ab.

Also hüpfte der Vetter nun auf einem Bein wieder los, um seine Suche fortzusetzen. Nach einiger Zeit kam er zurück mit dem weisesten und aufrichtigsten und geweihtesten Vagen von ganz Vagenland und stellte ihn vor den König. „Aber dieser Mann erfüllt die Bedingungen in keinster Weise!", brüllte der König, „Er ist viel zu dünn, um mir zu gefallen." Daraufhin schlug er seinem Vetter auch sein zweites Bein ab, und er fiel mit einem matschigen Platsch auf die Erde.

Unterschätze nie den Grad möglicher Missverständnisse.

Philip Lesley

Stellen Sie sich einmal vor, Sie haben Ihr Ziel längst erreicht und merken es nicht! Vage Ziele führen zu konturlosen Ergebnissen. Wenn Sie zum Beispiel mit Ihren Mitarbeitern vage Ziele vereinbaren, riskieren Sie, dass Ihr Gegenüber etwas völlig anderes darunter versteht. Die Amerikaner sagen im Umgang mit Computern „GIGO": garbage in, garbage out, was soviel bedeutet wie: Müll rein, Müll raus. Konkrete Zielvereinbarungen sind: Positiv formuliert, sinnesspezifisch konkret (Was werde ich sehen, fühlen, hören ...?); eigeninitiativ erreichbar für Teams, Gruppen oder Einzelpersonen; kontextspezifisch und die guten Gründe, die Sie bisher daran gehindert haben, das Ziel zu erreichen, sollten in der Zielformulierung auf alle Fälle integriert sein.

Es gibt keine größere Illusion als die Meinung, Sprache sei ein Mittel der Kommunikation zwischen Menschen.

Elias Canetti

Ihr Kommentar:

_____

_____

_____

_____

Fähigkeiten &
nützliche Perspektiven

„Glaube an Deine Grenzen, und sie gehören Dir!", ist eine Aussage in dem Buch „Die Möwe Jonathan". Weil die Gedanken unsere Wahrnehmung und Taten steuern, neigen wir dazu, „Recht zu bekommen" mit unserer subjektiven Sichtweise – die sogenannte selbsterfüllende Prophezeiung tritt in Kraft. Unsere Fähigkeiten können durch unsere Sichtweisen oder „Glaubenssätze" darüber blockiert oder gefördert werden.

Mit fast erschreckender Beweiskraft ist die Wirkung von voreingenommenen Lehrern und Führungskräften auf das Verhalten ihrer Schüler und MitarbeiterInnen belegt. Sei es, dass Schüler, die für dumm gehalten werden, sich irgendwann auch „dumm" verhalten. Wie oft hören Mädchen, dass sie für Mathematik nicht schlau genug seien. Wenn sie anfangen, daran zu glauben, werden sie die Aussage durch ihre Noten bestätigen. Oder sei es der Chef der Abteilung A, der seltsamerweise alle „Minderleister", und der Chef der Abteilung B, der zufällig lauter Genies hat.

Der in den USA bekannte Musiker Les Paul traf als Kind einmal eine Gruppe Arbeiter, die sich in ihrer Mittagspause am Straßenrand erholten. Er blieb stehen und schaute bewundernd einem ergrauten Arbeiter zu, der auf seiner alten Mundharmonika lauter wunderbare Melodien hervorzaubern. Der kleine Les dachte mit einem lauten Seufzer: „Wenn ich bloß auch solche Musik machen könnte!" Plötzlich reichte ihm der Arbeiter das Instrument und sagte: „Na los Junge, versuch's mal!" Les antwortete: „Danke, aber ich kann nicht spielen." Da gab ihm der alte Arbeiter den besten Rat, den er in seinem Leben je bekommen sollte: „Sag nie, du kannst etwas nicht, bevor du nicht bewiesen hast, dass du es nicht kannst."

Ob es „wahre" oder „falsche" Perspektiven im Leben gibt, ist eine Frage für Philosophen und offenbar noch nicht beantwortet. Sinn macht es, zwischen mehr oder weniger nützlichen Einstellungen zu unterscheiden und die nützlichsten auszuwählen. Hinsichtlich der Fähigkeiten, Ziele zu erreichen, halten wir es für nützlich zu glauben, dass jeder Mensch alle Ressourcen und Fähigkeiten zur Verfügung hat, um Dinge zu ändern.

„Seien wir Realisten und tun das Unmögliche", so lautet ein berühmter Ausspruch von Ché Guevara. Damit die gesetzten Ziele auch von Erfolg gekrönt werden, sind folgende Gedanken und Vorüberlegungen vor die konkrete Handlung zu setzen: Erstens: Ist das Ziel realistisch und erreichbar? Gibt es Menschen, die in der Lage waren oder sind, dieses Ziel umzusetzen? Zweitens: Ist dieses Ziel es wert, angestrebt zu werden, was ist der Nutzen für mich und andere? Und drittens: Kann *ich* es erreichen, und was muss ich eventuell noch tun, damit die Zielerreichung in meiner Macht liegt? Erst wenn alle drei Aspekte mit einem Ja beantwortet werden können, wird die nötige Motivation und Energie verfügbar sein, die vorhandenen Fähigkeiten derart zu mobilisieren, dass Ihre Ziele und Träume zur Realität werden können.

7. Illusionen

Drei befreundete alte Männer saßen zusammen und sprachen von den Freuden der Jugend und der Last des Alters. „Ach", stöhnte der eine, „meine Glieder wollen nicht mehr, wie ich will. Was bin ich doch früher gelaufen, wie ein Windhund, und jetzt lassen mich meine Beine so im Stich, dass ich kaum mehr einen Fuß vor den anderen setzen kann." „Du hast recht", pflichtete ihm der zweite bei. „Ich habe das Gefühl, meine jugendlichen Kräfte sind versickert wie das Wasser in der Wüste. Die Zeiten haben sich geändert, und zwischen den Mühlsteinen der Zeit haben wir uns geändert."

Der dritte, ein Mullah, ein Laienprediger, kaum weniger klapprig als seine Gefährten, schüttelte den Kopf: „Ich verstehe euch nicht, liebe Freunde. Ich kenne das alles von mir nicht, worüber ihr klagt. Ich bin genauso kräftig wie vor 40 Jahren." Das wollten die anderen nicht glauben. „Doch, doch", eiferte sich der Mullah. „Den Beweis dafür habe ich erst gestern erbracht. Bei mir im Schlafgemach steht schon seit Menschengedenken ein schwerer eichener Schrank. Vor 40 Jahren hatte ich versucht, diesen Schrank zu heben, aber was glaubt ihr, Freunde, was geschah? Ich konnte den Schrank nicht heben. Gestern kam mir die Idee, ich solle einmal den Schrank anheben. Ich versuchte es mit allen Kräften, aber wieder schaffte ich es nicht. Damit ist doch eines klar bewiesen: ich bin so kräftig wie vor 40 Jahren."

Bleibe, wie du bist, und ändere dich täglich.

Unbekannt

Manch einer hat Illusionen über die eigenen Fähigkeiten und kennt die eigene Leistungsgrenze nicht oder will sie nicht wahrhaben. Wieviel konstruktiver könnte es sein, sich eine Überforderung einzugestehen und gemeinsam mit anderen nach einer Lösung zu suchen, anstatt langsam auszubrennen, krank zu werden oder zu dem ein oder anderen Mittelchen zu greifen. Übrigens, die Abhängigkeitsrate von Suchtmitteln bei oberen Führungskräften beträgt über zehn Prozent!

Nichts gibt man so ungern auf wie eine angenehme Selbsttäuschung.

John F. Reynolds

Ihr Kommentar:

_____

_____

_____

_____

8. Der alte Mann und sein Pferd

Ein alter Mann lebte in einem Dorf, sehr arm, aber selbst Könige waren neidisch auf ihn, denn er besaß ein wunderschönes weißes Pferd. Alle Könige boten phantastische Summen für das Pferd, aber der Mann sagte: „Dieses Pferd ist für mich kein Pferd, sondern ein Freund. Und wie könnte man einen Freund verkaufen?" Der Mann war arm, aber sein Pferd verkaufte er nie.

Eines Morgens fand er sein Pferd nicht im Stall. Das ganze Dorf versammelte sich, und die Leute sagten: „Du dummer alter Mann! Wir haben immer gewusst, dass das Pferd einen Tages gestohlen würde. Es wäre besser gewesen, es zu verkaufen. Welch ein Unglück!"

Der alte Mann sagte: „Geht nicht so weit, das zu sagen. Sagt einfach: Das Pferd ist nicht im Stall. Soviel ist Tatsache; alles andere ist Urteil. Ob es ein Unglück ist oder ein Segen, weiß ich nicht, weil dies ja nur ein Bruchstück ist. Wer weiß, was darauf folgen wird?"

Die Leute lachten den Alten aus. Sie hatten schon immer gewusst, dass er ein bißchen verrückt war. Aber nach 15 Tagen kehrte eines Abends das Pferd plötzlich zurück. Es war nicht gestohlen worden, sondern in die Wildnis ausgebrochen. Und nicht nur das, es brachte auch noch ein Dutzend wilder Pferde mit.

Wieder versammelten sich die Leute, und sie sagten: „Alter Mann, du hattest recht. Es war kein Unglück, es hat sich tatsächlich als ein Segen erwiesen."

Der Alte entgegnete: „Wieder geht ihr zu weit. Sagt einfach: Das Pferd ist zurück. Wer weiß, ob das ein Segen ist oder nicht? Es ist nur ein Bruchstück. Ihr lest nur ein einziges Wort in einem Satz – wie könnt ihr das ganze Buch beurteilen?"

Dieses Mal wussten die Leute nicht viel einzuwenden, aber innerlich wussten sie, dass der Alte unrecht hatte. Zwölf herrliche Pferde waren gekommen.

Der alte Mann hatte einen einzigen Sohn, der begann, die Wildpferde zu trainieren. Schon eine Woche später fiel er vom Pferd und brach sich die Beine. Wieder versammelten sich die Leute, und wieder urteilten sie: „Wieder hattest du recht! Es war ein Unglück. Dein einziger Sohn kann nun seine Beine nicht mehr gebrauchen, er war die einzige Stütze deines Alters, und die Ernte steht bevor. Jetzt bist du ärmer als je zuvor."

Der Alte antwortete: „Ihr seid besessen vom Urteilen. Geht nicht so weit. Sagt nur, dass mein Sohn sich die Beine gebrochen hat. Niemand weiß, ob dies ein Unglück oder ein Segen ist. Das Leben kommt in Fragmenten, und mehr bekommt ihr nie zu sehen."

Es ergab sich, dass das Land einen Krieg begann. Alle jungen Männer des Ortes wurden zwangsweise eingezogen. Nur der Sohn des alten Mannes blieb zurück, weil er verkrüppelt war. Der ganze Ort war von Klagen und Wehgeschrei erfüllt, weil dieser Krieg nicht zu gewinnen war und man wusste, dass die meisten der jungen Männer nicht nach Hause zurückkehren würden.

Sie kamen zu dem alten Mann und sagten: „Du hattest recht, alter Mann – es hat sich als Segen erwiesen. Dein Sohn ist zwar verkrüppelt, aber immerhin ist er noch bei dir. Unsere Söhne sind für immer fort."

Doch wieder antwortete der Alte: „Ihr hört nicht auf zu urteilen. Sagt nur dies: dass man eure Söhne in die Armee eingezogen hat, und dass mein Sohn nicht eingezogen wurde. Doch nur das Ganze weiß, ob dies ein Segen oder ein Unglück ist."

Um über einen Menschen zu urteilen, musst du erst 10 Monde lang in seinen Mokassins gelaufen sein.

Indianisches Sprichwort

Wer weiß, wofür es gut ist? Viele von Ihnen kennen eigene Erlebnisse, die zu Beginn eine Tragödie waren, sich aber im Nachhinein als Segen erwiesen haben. Eine Tatsache ist, wie sie ist. Ein Ereignis kann man nicht ändern, wohl aber die Art und Weise, damit umzugehen und darüber nachzudenken.

Jammere nicht über ein Unglück, das noch gar nicht eingetroffen ist.

Unbekannt

Ihr Kommentar:

_____

_____

_____

_____

9. Der Schatz des Wissens

Der Traktor eines Bauern lief nicht mehr. Stundenlange Versuche des Bauern und seiner Freunde, das Fahrzeug zu reparieren, misslangen. Er schickte nach einem Lehrling einer nahe gelegenen Werkstatt. Doch auch dieser hatte keinen Erfolg. Der Lehrling rief nach dem Gesellen. Der Geselle schraubte und ölte an diversen Stellen. Doch der Motor gab keinen Laut von sich. Schließlich rang sich der Bauer durch, einen Fachmann herbeiholen zu lassen. Als dieser endlich kam, schaute er sich in Ruhe den Traktor an, betätigte den Anlasser, hob die Motorhaube an und beobachtete, alles ganz genau. Nach einer Weile nahm er schließlich einen Hammer. Mit einem einzigen Hammerschlag an einer bestimmten Stelle des Motors machte er ihn wieder funktionsfähig. Der Motor tuckerte, als wäre er nie kaputt gewesen.

Als der Fachmann dem Bauern die Rechnung gab, war dieser erstaunt und ärgerlich: „Was, du willst 50 Geldstücke, wo du nur einen Hammerschlag getan hast!" „Lieber Freund", sagte da der Fachmann, „für den Hammerschlag berechnete ich nur ein Geldstück, 49 Geldstücke aber muss ich für mein Wissen verlangen, wo dieser Schlag zu erfolgen hatte."

Du kannst ein Pferd zur Tränke führen, aber du kannst es nicht zum Trinken zwingen.

Josef Berke

Im Zuge der Umstrukturierung und des Personalabbaus wird älteren Mitarbeitern – häufig unvorbereitete – nahegelegt, die Abfindungsmaßnahmen zu nutzen und sich zu verabschieden. Allerdings gehen mit diesen Mitarbeitern häufig auch das Know-how und das Spezialwissen mit in den Ruhestand. Firmen und Betriebe, die die Nase vorn haben, haben längst erkannt, dass eine der besten Investitionen in die Zukunft sowohl die Wertschätzung dieser

Mitarbeiter ist als auch Sorge dafür zu tragen, dass die Jüngeren von der Erfahrung der Älteren lernen (können).

Erfahrung ist der beste Lehrmeister – nur das Schulgeld ist teuer.
Thomas Carlyle

Ihr Kommentar:

_____

_____

_____

_____

10. Der Brief

Liebe Mutter, lieber Vater,

seit ich das Gymnasium verließ, habe ich das Briefeschreiben mächtig vernachlässigt. Tut mir leid, dass ich so gedankenlos gewesen bin und mich nicht früher gemeldet habe, wo ich doch weiß, wie wichtig es für euch ist. Jetzt werde ich euch endlich auf den neuesten Stand bringen, aber bevor ihr weiterlest, setzt euch bitte hin! Und seht zu, dass ihr vor dem Weiterlesen wirklich bequem sitzt, okay?

Nun, mittlerweile geht es mir wieder ausgezeichnet. Der Schädelbruch und die Gehirnerschütterung, die ich mir beim Sprung aus dem Fenster zuzog, als es im Wohnheim kurz nach meiner Ankunft zu brennen anfing, ist mittlerweile sehr gut ausgeheilt. Ich war nur zwei Wochen im Krankenhaus, kann jetzt fast wieder normal sehen, und diese unerträglichen Kopfschmerzen bekomme ich nur noch einmal am Tag.

Glücklicherweise wurde sowohl das Feuer im Wohnheim als auch mein Sprung aus dem Fenster von dem Tankwart an der Tankstelle schräg gegenüber beobachtet. Er rief auch die Feuerwehr und den Krankenwagen und war auch derjenige, der mich im Krankenhaus besuchte. Da das Wohnheim ja abgebrannt war und ich nirgends wohnen konnte, war er so freundlich, mich einzuladen, in seinem Appartement zu wohnen. Genau genommen ist es nur ein Kellerraum, aber dafür unheimlich gemütlich.

Er ist ein toller Mann, und wir haben uns unsterblich ineinander verliebt. Wir werden heiraten! Den Hochzeitstermin haben wir noch nicht genau festgelegt, aber es wird jedenfalls sein, bevor meine Schwangerschaft sich zeigt.

Ja, lieber Vater, liebe Mutter, ich bin schwanger! Ich weiß, wie sehr ihr euch danach gesehnt habt, Großeltern zu werden. Und ich weiß auch, wie sehr ihr das Baby willkommen heißen und ihm dieselbe Liebe, Hingabe und Zuneigung geben werdet, die ihr mir gegeben habt, als ich noch ein Kind war. Der einzige Grund für die Verschiebung unserer Heirat ist, dass mein Freund eine kleine HIV-Infektion hat, die den Test auf Blutgruppenverträglichkeit verzögert hat. Dummerweise habe ich mich von ihm anstecken lassen. Für euer Enkelkind bestehen aber aus medizinischer Sicht gute Chancen.

Ich weiß, dass ihr es in unserer Familie willkommen heißen und mit offenen Armen empfangen werdet. Mein Liebster hat ein freundliches Wesen, jedoch ohne höhere Schulbildung, aber dafür ist er sehr ehrgeizig. Obwohl er einer anderen Rasse und Religion als die unsere angehört, weiß ich ja, dass für euch Toleranz einen sehr hohen Wert hat und ihr es deswegen niemals zulassen würdet, euch davon stören zu lassen.

So, jetzt seid ihr wieder auf dem neuesten Stand der Dinge!

Ach ja, mir fällt da noch etwas ein:

Ich möchte noch hinzufügen, dass es kein Feuer im Wohnheim gab, ich weder eine Gehirnerschütterung noch eine Schädelfraktur habe, ich war nicht im Krankenhaus, bin nicht schwanger, weder verlobt noch HIV-infiziert, und es gibt keinen Mann in meinem Leben. Wie auch immer, ich habe eine 5 in Geschichte und eine 6 in Chemie, und das Einzige, was ich möchte, ist, dass ihr diese Noten in der richtigen Perspektive seht.

Eure euch liebende Tochter Mira

Um klar zu sehen, genügt ein Wechsel der Blickrichtung.
                                        Antoine de Saint-Exupéry

Hexenkunst:

Den Ort finden, wo die Worte Wurzeln schlagen.

In die Ritzen der Zeit Gedanken säen.

Im Augenblick erkennen, was wirklich wichtig ist.

Dann wirken Worte Wunder.

Erfolg besteht darin, dass man genau die Fähigkeiten hat, die im Moment gefragt sind.
                                        Henry Ford

Ihr Kommentar:

_____

_____

_____

_____

11. Der Traumdeuter

Ein mächtiger Sultan, der in einem großen Palast lebte, träumte eines Nachts, er verliere alle Zähne. Gleich nach dem Erwachen ließ er einen Traumdeuter zu sich rufen und fragte nach dem Sinn des Traumes. „Ach, welch ein Unglück, Herr!", rief der Traumdeuter aus. „Jeder verlorene Zahn bedeutet den Verlust eines deiner Angehörigen!" „Was, du frecher Kerl", schrie ihn der Sultan wütend an, „was wagst du mir zu sagen? Fort mit dir!" Und er gab den Befehl: „50 Stockschläge für diesen Unverschämten!"

Doch der nächtliche Traum ließ dem Sultan keine Ruhe. Es dauerte nicht lange, und ein anderer Traumdeuter wurde gerufen und vor den Sultan geführt. Als er den Traum erfahren hatte, rief er: „Welch ein Glück! Welch ein großes Glück! Unser Herr, der mächtige Sultan, wird alle die Seinen überleben!" Da heiterte sich des Sultans Gesicht auf, und er sagte: „Ich danke dir, mein Freund. Gehe sogleich mit meinem Schatzmeister und lasse dir von ihm 50 Geldstücke geben!"

Auf dem Weg sagte der Schatzmeister verblüfft zu dem Traumdeuter: „Du hast den Traum des Sultans doch nicht anders gedeutet als der erste Traumdeuter!" Mit schlauem Lächeln erwiderte der kluge Mann: „Merke dir, man kann vieles sagen; es kommt nur darauf an, wie man es sagt!"

Der Optimist denkt ebenso einseitig wie der Pessimist. Nur lebt er froher.

Unbekannt

Es sind selten die ungünstigen Umstände, die uns aus der Bahn werfen, sondern nur die jeweilige Einstellung zu den Dingen. In jeder noch so großen Schwierigkeit ist meist schon der Keim eines noch größeren Vorteils verborgen.

Nicht die Dinge an sich sind gut oder schlecht, sondern die Bedeutung, die wir den Dingen zu geben imstande sind.

Shakespeare

Ihr Kommentar:

_____

_____

_____

_____

12. Der Mann, der auf dem Wasser ging

Ein herkömmlich denkender Derwisch, aus einer harten, aber frommen Schule, ging eines Tages an einem Flussufer entlang. Plötzlich wurden seine Gedanken durch einen lauten Schrei unterbrochen. Irgend jemand wiederholte den Ruf des Derwisch: „U YA HU" „Das ist sinnlos", sagte er bei sich, „da der Mann die Silben falsch ausspricht. Anstatt Y A HU sagte er U YA HU."

Dann wurde ihm klar, dass er als der achtsame Schüler die Pflicht hatte, diesen unglücklichen Menschen zu korrigieren und eines Besseren zu belehren.

Er mietete sich also ein Boot und ruderte zu der mitten im Strom liegenden Insel, von der offenbar der Schrei ausging. Dort fand er einen in ein Derwischgewand gekleideten Mann, der in einer Hütte aus Schilfrohr saß und sich zu dem ständig wiederholten Ausruf rhythmisch bewegte. „Mein Freund", sagte der erste Derwisch, „du sprichst das falsch aus. Ich halte es für meine Pflicht, dich darauf hinzuweisen, denn verdient macht sich, wer Rat gibt, wie auch der, der Rat annimmt. Du musst das so aussprechen", und er machte es ihm vor.

„Ich danke dir", sagte der andere Derwisch demütig.

Der erste Derwisch stieg wieder in sein Boot, voller Befriedigung darüber, dass er eine gute Tat getan hatte. Schließlich hieß es, ein Mann, der die heilige Formel richtig wiederholen könne, könne sogar auf dem Wasser gehen: er selbst hatte das zwar noch nie gesehen, hatte aber – aus irgendeinem Grunde – schon immer gehofft, es selber einmal zu erreichen.

Nun hörte er nichts mehr aus der Schilfhütte, war sich aber sicher, dass seine Lehre gut angekommen war. Dann hörte er ein zögerliches U YA HU, und der zweite Derwisch fing an, den Ausruf in seiner alten Art zu wiederholen.

Während der besonders fromme Derwisch über die Halsstarrigkeit der menschlichen Natur und ihr Verharren im Irrtum zu meditieren begann, sah er plötzlich eine seltsame Erscheinung. Von der Insel her kam der andere Derwisch auf ihn zu, und er ging auf der Wasseroberfläche! Erstaunt hörte der Fromme auf zu rudern. Der andere wanderte zu ihm her und sagte: „Bruder, entschuldige, wenn ich dich noch einmal belästige, aber ich bin zu dir herübergekommen, um dich zu bitten, mir noch einmal die richtige Form des Ausrufs zu nennen, denn ich kann ihn mir nur so schwer behalten."

Glaube ist der Vogel, der singt, wenn die Nacht noch dunkel ist.

R. Tagore

Fähigkeiten, Können und Wissen sind subjektiv und können nur in einem entsprechenden Kontext gesehen und bewertet werden. Um die Welt objektiv erfassen zu können, ist eine absolute Trennung zwischen „der Welt" und dem Betrachter nötig. Allerdings haben Einstein mit dem Begriff der Relativität und Heisenberg mit seiner Unschärferelation die Unmöglichkeit dieses Vorgehens ein für allemal bewiesen. Eine Welt, aus der nach wissenschaftlicher Forderung nach Objektivität alles Subjektive verbannt würde, wäre leider nicht mehr wahrnehmbar.

Somit ist der Glaube an die eigenen Fähigkeiten eine gefühlsmäßige, nicht von äußeren Bedingungen abhängige Gewissheit und Überzeugung. Der Verstand kann uns zwar sagen, was wir unterlassen sollen, aber unser Herz sagt uns, was wir tun müssen.

Was immer du wünschest, wird sich ereignen. Lass dich nicht ablenken. Die Grenze zwischen Aufwärtsgehen und Nachuntengehen ist jetzt, sie ist hier. Wenn du auch nur für eine Sekunde Unentschlossenheit duldest, hast du Elend zu ertragen, für lange Zeit.

Tibetanisches Totenbuch

Ihr Kommentar:

_____

_____

_____

_____

Wege & Strategien

Es gibt ein Dilemma im Leben: Erstens ein Ziel zu haben und zweitens kein Ziel zu haben.

Hat man nun ein Ziel, so bekommt man meist gratis dazu auch Probleme. Denn die Stolpersteine auf dem Weg hin zum Ziel bringen uns, vor allem wenn wir am wenigsten damit rechnen, zum Fallen. Wie wir wieder aufstehen und weitermachen, hängt von den Strategien ab, die uns zur Verfügung stehen. Manchmal braucht es auch eine geraume Zeit, bis wir erkennen, dass unsere befriedigende Suche nach Lösungen mit der Art unserer Problemdefinition zusammenhängt.

Es macht einen Unterschied, ob man „sich zurückzieht" oder „in eine andere Richtung vorgeht", ob man weiß, was man will, oder weiß, was man nicht will.

Es lebt sich ein wenig leichter, wenn man sich entschieden hat, sich positive „Hin-zu-Strategien" anzueignen und die positive Sicht der Dinge zu wählen, anstatt sich „weg-von" zu bewegen. Wenn Sie einem Stolperstein begegnen, freuen Sie sich! Auch aus den Steinen, die uns in den Weg gelegt werden, kann man etwas Schönes bauen. Jedes Ereignis enthält eine positive Lektion! Jedes Problem zeigt uns, dass wir noch besser werden können.

Allerdings genügt es nicht, wenn wir nur neue Verhaltens- oder Unternehmerstrategien erlernen. Wir müssen auch sicherstellen, dass sie genau dann verfügbar sind, wenn wir sie brauchen!

Flexible Strategien, die mit dem nötigen Maß an Fingerspitzengefühl umgesetzt werden, die sich am Markt orientieren und übergreifende Aspekte mit einbeziehen, sind sicherlich die erfolgversprechendsten. Denn: Wichtig ist nicht, wie der Wind weht, sondern wie man die Segel setzt!

Sollten Sie auf dem Weg zu sich selbst sein, bleiben Sie sich über Folgendes klar: Der Weg ist nicht ohne Gefahr. Alles Gute ist kostbar. Die Entwicklung zur Persönlichkeit gehört zu dem Kostbarsten, was wir haben. Der Weg wird Sie Ihre Unschuld, Ihre Wunschbilder und Ihre Gewissheit kosten – und es lohnt sich!

13. Die Geschichte vom Sand

Ein munter sprudelnder Bach erreichte die Wüste und fand, dass er sie nicht überqueren konnte; seine Wasser versickerten zu schnell in dem feinen Sand. Laut sagte er: „Es ist die meine Bestimmung, diese Wüste zu überqueren, aber ich sehe nicht wie." In der verhüllten Sprache der Natur antwortet die Wüste: „Der Wind geht über die Wüste hin, das ist auch dein Weg." „Aber sooft ich es versuche, trocknet der Sand mich fort. Selbst, wenn ich Anlauf nehme, schaffe ich nur ein kurzes Wegstück", antwortete der Bach. „Der Wind stürmt nicht gegen den Sand der Wüste an", entgegnete die Wüste. „Aber der Wind kann fliegen, ich nicht", konterte der Bach. „Du denkst in die falsche Richtung. Erlaube dem Wind, dich über den Sand zu tragen." „Aber wie soll das gehen?" „Geh auf dem Wind." Das gefiel dem Bach gar nicht. Er fürchtete auf diese Weise, seine Individualität zu verlieren. Würde er dann überhaupt noch existieren? Dies, sagte der Sand, sei eine Form der Logik, die mit der Realität nichts zu tun habe. „Der Wind nimmt die Feuchtigkeit auf, trägt sie über die Wüste und lässt sie dort zur Erde niederregnen. Und der Regen wird wieder ein Bach." „Aber woher weiß ich, dass das auch wahr ist?" „Es ist so, und du musst es glauben, sonst wird der Sand dich weiter aufsaugen, bis du nach ein paar Millionen Jahren ein Sumpf wirst." „Aber wenn das so ist, werde ich derselbe sein wie jetzt drüben?" „Jedenfalls kannst du nicht genau so bleiben, wie du jetzt bist. Aber du hast keine gar keine Wahl; das scheint dir nur so. Der Wind wird von dir nehmen, was ungreifbar ist, dein Wesen. Wenn du in den Bergen jenseits des Sandes wieder ein Bach wirst, mag wohl der Mensch dich dort bei einem anderen Namen nennen, aber du wirst wissen, dass du im Inneren derselbe bist. Du magst dich heute als einen Bach dieser oder jener Art bezeichnen, doch weißt du nicht, welcher Teil von dir dein eigentliches Wesen ist. Du musst vertrauen." So erhob sich der Bach in die geöffneten Arme des Windes, der ihn langsam und behutsam aufnahm, über die Wüste trug und auf den Berggipfeln eines fernen Landes sicher und sanft wieder absetzte. „Jetzt", sagte der Bach, „weiß ich wirklich, wer ich bin."

Eine Frage aber beschäftigte ihn noch: „Warum konnte ich das nicht selbst herausfinden; warum hat der Sand es mir sagen müssen? Was wäre geschehen, wenn ich ihm nicht zugehört hätte?" Wispernd kam die Antwort, es war die Stimme eines Sandkorns: „Nur der Sand weiß; er hat es sich ereignen sehen, und er erstreckt sich vom Fluss bis in die Berge. Er ist die Verbindung und erfüllt seine Aufgabe wie jedes Ding. Der Weg, den der Strom des Lebens auf seiner Reise nimmt, ist in den Sand geschrieben."

Verantwortlich ist man nicht nur für das, was man tut, sondern auch für das, was man nicht tut.

Laotse

Es ist eine Illusion zu glauben, dass wir uns auf dem Weg zu unserem Ziel nicht verändern werden. Es ist auch eine Illusion zu wissen, wie wir uns verändern werden. Der Weg wird nicht ohne die ein oder andere Herausforderung möglich sein, die unsere Persönlichkeit formt und uns dazulernen lässt. Die Zeit, die dazu benötigt wird, hat die Bedeutung, dass sich in ihr die Stufen des Werdens in klarer Reihenfolge entfalten können.

Verbringe nicht die Zeit mit der Suche nach einem Hindernis, vielleicht ist keins da.

Unbekannt

Ihr Kommentar:

_____

_____

_____

_____

14. Die Reise mit dem Esel

Weit weg von den Menschen lebte ein Vater mit seinem Sohn. Als der Sohn größer wurde, hatte er einen Wunsch. „Ich möchte mich in der Welt umsehen und hören, was andere Menschen so meinen", sprach er zu seinem Vater. Dieser schüttelte den Kopf. „Wünsch dir das nicht, mein Sohn, jeder sagt nämlich etwas anderes. Was du auch tust, nie kannst du es allen recht machen." „Das glaube ich nicht", der Bub gab nicht eher Ruhe, bis sich der Vater mit ihm aufmachte.

So zogen sie in die Welt hinaus. Der Vater schritt voran, sein Sohn ging neben ihm, und am Halfter trabte der Esel. So begegnete ihnen ein Bauer, der sprach: „Warum lasst ihr den Esel müßig gehen? Er kann doch einen von euch tragen." Da rief der Sohn guter Dinge: „Der Mann hat Recht! Vater, steig auf!"

Gesagt, getan. Der Vater setzte sich auf den Esel, und der Sohn lief nebenher, bis sie auf zwei Wanderer trafen. Einer der Wanderburschen stieß seinen Kumpel in die Rippen und sagte: „Es ist eine Unverschämtheit, dass der Vater reitet und den Jungen zu Fuß gehen lässt." Sie schüttelten den Kopf und zogen ihres Weges. Vater und Sohn schauten sich an und tauschten die Rollen. Der Sohn ritt auf dem Esel voraus, und der alte Mann lief zu Fuß hinterher.

Bald trafen sie eine Frau, die im Wald Holz gesammelt hatte. Sie sah die beiden und schimpfte: „Es ist eine Schande, dass der Vater zu Fuß geht, während das feine Söhnchen reitet." Kopfschüttelnd zog sie weiter. Der Sohn schämte sich und meinte zum Vater: „Die Frau hat Recht. Setze dich zu mir auf den Esel, Vater."

Gemeinsam ritten sie weiter, bis ihnen die Kutsche eines feinen Herrn entgegenkam. Sie plauderten über Handel und Wandel miteinander. Beim Abschied sprach der vornehme Herr: „Der treue Esel wird bald eingehen, wenn er die schwere Last von zwei

Personen weiterhin schleppen muss." So beschlossen sie, das Tier gemeinsam zu tragen.

Sie banden ihm ein breites Leinenband um seinen Leib, steckten eine Stange hindurch und hoben sich jeder ein Ende davon auf die Schulter.

Ein paar Stunden hatten sie den Esel geschleppt, als sie an ein Wirtshaus kamen. Davor saßen fröhliche Leute. Einer schrie: „Seht die Dummköpfe dort! Die tragen ihren Esel, anstatt auf ihm zu reiten!" Alle lachten. „Wenn die beiden schon nicht reiten wollen, warum führen sie den Esel denn nicht am Halfter hinter sich her?" „Warum tun wir nicht, was die Leute sagen?" fragte der Sohn. „Weil wir so von zu Hause losgezogen sind", antwortete der Vater. „Um es allen recht zu machen, bin ich geritten, bist du und sind wir beide geritten. Wir haben den Esel sogar getragen." „Kann man es denn nicht allen Menschen recht machen?" fragte der Junge. „Nein, das kann man nicht, mein Sohn, wie du ja selbst gesehen hast", sprach der weise Vater. Beide waren froh und glücklich, als sie abends wieder friedlich in ihrer gemütlichen Hütte saßen.

Wenn du im Recht bist, kannst du es dir leisten, die Ruhe zu bewahren, und wenn du im Unrecht bist, kannst du es dir nicht leisten, sie zu verlieren.

Mahatma Gandhi

Entsprechen die Fakten und Ansichten der Wahrheit, so führt dies zu einer leichteren Entscheidungsfindung. Wenn wir alle Tatsachen, einschließlich unserer eigenen Schwächen berücksichtigen, haben wir die dafür erforderliche Grundlage. Kommt zusätzlich die Kraft der moralischen Überzeugung dazu, können wir an das Gewissen der anderen appellieren. Aber genauso wie die Integrität individueller Entscheidungen durch persönliche Werte gelenkt wird, muß auch der Entscheidungsablauf auf unserem Weg hin zu unseren Zielen, durch entsprechende Werte gelenkt werden.

In zweifelhaften Fällen entscheide man sich für das Richtige.

Karl Kraus

Ihr Kommentar:

_____

_____

_____

_____

15. Der entspannte Bogen

Es wird erzählt, dass der alte Apostel Johannes gern mit seinem zahmen Rebhuhn spielte. Eines Tages kam ein Jäger zu ihm. Er wunderte sich, dass Johannes, der doch so ein angesehener Mann im Dorfe war, spielte. Er hätte doch in der Zeit viel Gutes und Wichtigeres tun können, als sich mit einem Rebhuhn abzugeben. Deshalb fragte er: „Warum vertust du deine Zeit mit Spielen? Warum wendest du deine Aufmerksamkeit einem nutzlosen Tier zu?" Johannes schaute ihn verwundert an. Warum sollte er nicht spielen? Warum sollte er seine Zeit nicht mit einem Rebhuhn verbringen? Warum verstand der Jäger ihn nicht? Er sagte deshalb zu ihm: „Weshalb ist der Bogen in deiner Hand nicht gespannt?" „Das darf man nicht", gab der Jäger zur Antwort. „Der Bogen würde seine Spannkraft verlieren, wenn er immer gespannt wäre. Wenn ich einen Pfeil abschießen wollte, hätte er keine Kraft mehr. Ich würde das anvisierte Ziel nicht treffen können."

Johannes antwortete: „Junger Mann, so wie du deinen Bogen immer wieder entspannst, so musst du dich selbst auch immer wieder entspannen und erholen. Wenn ich mich nicht entspanne und einfach spiele gerade mit einem scheinbar nutzlosen Tier, dann habe ich keine Kraft mehr für eine große Anspannung. Dann fehlt mir die Kraft, das zu tun, was notwendig ist und den ganzen Einsatz meiner Kräfte fordert. Nur so kann ich meine Ziele erreichen und das tun, was wirklich wichtig ist."

Wenn man seine Ruhe nicht in sich findet, ist es zwecklos, sie andernorts zu suchen.

François de Rochefoucauld

Wenn Richtung nur der weisen kann, wer selbst eine Richtung hat, kann Mittelpunkt und Mittler nur sein, wer selbst in seiner Mitte weilt. Wer zu sich selbst und sich in seiner eigenen Mitte gefunden hat, kann aus dem ruhenden Pol heraus leben und handeln. Und nur wer sich gönnt, einen ruhenden Pol zu haben, kann zu sich selbst finden.

Nichtstun ist die schwierigste Beschäftigung und zugleich diejenige, die am meisten Geist voraussetzt.

Oscar Wilde

Ihr Kommentar:

_____

_____

_____

_____

16. Der Gefangene im Turm

Ein hoher Beamter fiel bei seinem König in Ungnade. Der König ließ ihn im obersten Raum eines Turms einkerkern und bewachen. Nach langen Wochen im Turm waren die Wachen eines Tages nach einem Saufgelage eingeschlafen. Der Gefangene stand oben auf der Zinne des Turmes und schaute in die mondhelle Nacht.

Da sah er seine Frau unten stehen. Sie gab ihm Zeichen und berührte die Mauer des Turms. Gespannt blickte der Mann hinunter, um zu erkennen, was seine Frau hier tat. Aber es war für ihn nicht verständlich, und so wartete er geduldig auf das, was da kam.

Die Frau am Fuß des Turms hatte ein honigliebendes Insekt gefangen; sie bestrich die Fühler des Käfers mit Honig. Dann befestigte sie das Ende eines Seidenfadens am Körper des Käfers und setzte das Tierchen mit dem Kopf nach oben an die Turmmauer, gerade an die Stelle, über der sie hoch oben ihren Mann stehen sah. Der Käfer kroch langsam dem Geruch des Honigs nach, immer nach oben, bis er schließlich dort ankam, wo der gefangene Ehemann stand.

Der gefangene Mann war aufmerksam und lauschte in die Nacht hinein, und sein Blick ging nach unten. Da sah er das kleine Tier über die Rampe klettern. Er griff behutsam nach ihm, löste den Seidenfaden, befreite das Insekt und zog den Seidenfaden langsam und vorsichtig zu sich empor.

Der Faden aber wurde immer schwerer, es schien, dass etwas daran hing. Und als der Ehemann den Seidenfaden ganz bei sich hatte, sah er, dass am Ende des turmlangen Fadens ein Zwirnfaden befestigt war.

Der Mann oben zog nun auch diesen Faden zu sich empor. Der Faden wurde immer schwerer, und siehe, an seinem Ende war ein kräftiger Bindfaden festgemacht. Langsam und vorsichtig zog der Mann den Bindfaden zu sich empor. Auch dieser wurde immer schwerer. Und an seinem Ende war dem Manne eine starke Schnur in die Hand gegeben.

Der Mann zog die Schnur zu sich heran, und ihr Gewicht nahm immer mehr zu, und als das Ende in seiner Hand war, sah er, dass hier ein starkes Seil angeknotet war. Das Seil machte der Mann an einer Turmzinne fest. Das weitere war einfach und selbstverständlich. Der Gefangene ließ sich am Seil hinab und war frei. Er ging mit seiner Frau schweigend in die stille Nacht hinaus und verließ das Land des ungerechten Königs.

Beim Beginn einer Unternehmung und unweit des Zieles ist die Gefahr des Misslingens am größten. Wenn Schiffe scheitern, so geschieht es nahe am Ufer.

Ludwig Börne

Geduld ist Kraft in höchster Potenz, lautet ein Dichterwort. Gemeint ist damit die Stärke dessen, der gelernt hat, den rechten Augenblick für eine Handlung abzuwarten und auszunutzen. Jedoch kommt es nicht nur auf das Wissen um die großen Ideen an, sondern auch auf ihre Umsetzung in die Gelebtheit und die Gangbarkeit der kleinen Schritte.

Die sechs Phasen der Planung:

1. Begeisterung; 2. Ernüchterung; 3. Panik; 4. Suche nach dem Schuldigen; 5. Bestrafung der Unschuldigen; 6. Auszeichnung der Nichtbeteiligten.

Unbekannt

Ihr Kommentar:

_____

_____

_____

_____

17. Geduld

Eine Geschichte aus China erzählt: Ein Mann hatte seinen kleinen Acker im Frühjahr gut vorbereitet, gepflügt, gesät und gewässert. Er wunderte sich nur nach ein paar Wochen, dass die Saat seines Ackers so langsam aufging. Bei seinem Nachbarn sah er doch kräftigen grünen Wuchs! Von Tag zu Tag wurde seine Geduld geringer. Er konnte vor Sorge nicht mehr schlafen. Schließlich hatte er eine wahnwitzige Idee. Er lief zu seinem Feld und begann, die kleinen, zarten Halme etwas in die Höhe zu ziehen. Halm für Halm, Acker rauf, Acker runter. Das war natürlich eine mühselige Arbeit. Doch den ganzen Tag lang tat er nichts anderes. Als er abends nach Hause in sein Dorf ging, traf er unterwegs seinen Nachbarn. Stolz sagte er ihm, dass er seinem Korn beim Wachsen geholfen habe. Wie ein Lauffeuer breitete sich die Nachricht im Dorf aus. Neugierig geworden, liefen sie zu seinem Feld und sahen alles zerstört und verwelkt. – Und noch lange lachte man im Dorf über den Mann, der nicht warten konnte.

Glück ist, wenn man zusieht, wie die Zeit vergeht, und davon überzeugt ist, dass sie für einen arbeitet.

Werner Schneyder

Wer kennt nicht die Not mit der Zeit – das Gefühl, nicht genug Zeit zu haben, ungeduldig zu werden? Doch es gibt keine Möglichkeit zur Flucht – die Zeit lässt uns nicht. Nur durch die Fülle des gegenwärtigen Augenblicks vermag eine Sache wahrhaft genährt, gekräftigt und bereichert werden.

Was Ungeduld ist, kann nur der ermessen, wer einen steinreichen, kranken Erbonkel hat.

Mark Twain

Ihr Kommentar:

_____

_____

_____

_____

18. Es ist Frühling

Bei strahlendem Maiwetter kommen zwei Werbeleute in ihrer Mittagspause an einem Blinden vorbei, der in der Fußgängerzone sitzt und um Almosen bittet. Er wirkt ausgezehrt, und seine Kleidung könnte gut und gerne einen neuen Waschgang vertragen. Er trägt ein Schild um den Hals mit der Aufschrift: „Von Geburt an blind". Nur wenige Passanten beachten ihn; sein Hut ist leer. Er hält eine arglos weggeworfene Blume, die ihm der Wind geschenkt hat, in den Händen. „Er hat die falsche Methode", bemerkte einer der Werbeleute. „Wetten, dass ich es schaffe, ihm mit einem anderen Text den Hut zu füllen?" Er drehte das Schild des Blinden um und schrieb etwas darauf. Aus der Ferne beobachten die beiden, wie sich nach einer gewissen Zeit der Hut füllt.

Neugierig geworden geht der andere der beiden Werber zu dem Blinden und liest: „Es ist Frühling. Ihr seht ihn. Ich nicht."

Das Leben ist bezaubernd, man muss es nur durch die richtige Brille sehen.

Alexandre Dumas

„Denn als ich merkte, dass Leute mit gleichen Fähigkeiten, die einen sehr arm, die anderen aber sehr reich sind, verwunderte ich mich, und es schien mir eine Untersuchung wert, wie das kommt: Wer ohne Plan handelte, an dem rächte es sich, wer sich aber um einen Plan mit angespanntem Verstand bemühte, der arbeitete schneller, leichter und gewinnbringender." (Sokrates)

Wenn es nur eine einzige Wahrheit gäbe, könnte man nicht hundert Bilder über dasselbe Thema malen.

Pablo Picasso

Ihr Kommentar:

_____

_____

_____

_____

Kreativität & Ideen

Schauen Sie sich mal um: Wir sind tagtäglich von Dingen umgeben, die weder selbstverständlich sind noch immer schon da waren. Von der Erfindung des Rads, bis zum Ei des Kolumbus – am Anfang steht die Idee, die unser Leben ein Stückchen voranbringt. Je schneller der Fortschritt, desto mehr sind gute Ideen gefragt. Was früher als „Spinnerei" bezeichnet wurde, ist heute heiß begehrt. Jung ist er, leicht geht er von der Zunge, der Begriff Kreativität! Vorbei sind die Zeiten, in denen kreativ sein in einem Atemzug mit „brotloser Kunst, WGs und Marihuana" genannt wurde. Zielorientierte Kreativität ist gefragt. Doch wie wird man kreativ? fragen sich vielleicht viele „Linkshirnige", für die Struktur, Ordnung und Detailinformationen wichtig sind. Ohne diese Fähigkeit wäre unsere Welt nicht so, wie sie ist!

Nehmen wir das Beispiel Jack Miller. Jack arbeitete seit nunmehr 15 Jahren in einem großen Unternehmen. Gerade kam er von einer Konferenz mit seinem Chef und hatte erfahren, dass er die erhoffte Beförderung nicht erhalten würde ...

Als er über seine Lage nachdachte, wurde es Jack klar, dass seine Leistungen in letzter Zeit nicht besonders gut waren. Er hatte die Termine für einige wichtige Projekte verpasst, und sein einstmals scharfsichtiger Verstand produzierte banale Lösungen für wichtige Probleme. Er versuchte, seinem Denken wieder etwas Pep zu geben, aber nichts funktionierte. Schließlich ging er zu einem Ideen-Doktor und bat ihn um Hilfe.

„Ich scheine es einfach nicht mehr zu bringen", erklärte Jack.

„In Ordnung, ich werde Ihnen ein paar Fragen stellen, damit ich verstehe, was Ihr Problem ist", antwortete der Doktor.

„Zuerst, haben Sie sich in letzter Zeit mal vorgewagt und irgendetwas riskiert?"

„Nicht, dass ich wüsste", antwortete Jack.

„Haben Sie nach dem ‚Was-wäre-wenn' gefragt, um den Horizont Ihrer Vorstellungskraft zu erweitern?"

„Ich war zu beschäftigt."

„Waren Sie geistig unvoreingenommen, wenn Sie neue Ideen beurteilt haben?"

„Ich weiß, was funktioniert und was nicht."

Die Befragung ging eine Zeit lang so weiter. Schließlich fragte Jack:

„Was ist die Diagnose?"

„Es gibt keinen Zweifel, Sie sind in einem alten Geleise festgefahren", verkündete der Doktor. „Zuerst dachte ich, es sei bloß ein Fall von Hirnbelag, dann hätte ich Ihnen nur eine Hirnbürste verschreiben brauchen. Aber Ihre Lage ist ernster."

„Was, so schlimm?" fragte Jack erstaunt.

„Ja, Sie tragen Ihre Enden verkehrt herum."

„Wie bitte?"

„Sehen Sie, der menschliche Körper hat zwei Enden – eines, um damit schöpferisch tätig zu sein, und eines, um darauf zu sitzen. Solange Sie aktiv neue Ideen verfolgen, bleibt Ihr kreatives Ende in guter Verfassung. Aber wenn Sie herumsitzen und die immergleichen Dinge tun, sinkt Ihr Hirn in Ihre Kehrseite ab. Das Resultat davon ist, dass sich Ihre Enden verkehren."

Jack wusste, dass der Doktor Recht hatte. „Was verursacht das?" wollte er wissen.

Der Ideen-Doktor antwortete: „Um zu vermeiden, dass sie etwas Neues probieren, entwickeln einige Menschen Einstellungen zum kreativen Denken, die sie sicher da festhalten, wo sie sind. Diese Einstellungen sind:

– Es ist nicht wichtig.

– Ich habe keine Zeit.

– Ich weiß die Antwort schon.

– Ich bin nicht kreativ.

Diese Einstellungen sind gefährlich, weil sie dazu führen können, dass Sie einige wichtige Dinge verpassen. Zum Beispiel, wenn Sie kreativem Denken gegenüber gleichgültig sind, dann haben Sie es versäumt zu erkennen, dass das Hervorbringen und die Ausführung von neuen Ideen entscheidende Fertigkeiten sind, um in einer sich rapide verändernden Welt zu überleben.

Wenn Sie Ihre Zeit wie ein Feuerwehrmann verbringen – indem Sie Feuer bekämpfen, Routinearbeiten verrichten und es zulassen, dass Ihr Beruf Sie schafft, statt Sie Ihren Beruf – dann ist Ihnen nicht klar, dass Ihr Job leichter sein könnte, wenn Sie sich mit einer kreativen Art der Feuerverhütung beschäftigen würden.

Wenn Sie arroganterweise glauben, dass Sie die richtige Antwort, Strategie oder Herangehensweise schon kennen, werden Sie nicht herausfinden, dass es für das, was Sie tun, einen besseren Weg geben könnte – bis es dann möglicherweise zu spät ist.

Und wenn Ihr Selbstwertgefühl gering ist, ist Ihnen nicht bewusst, dass Sie, gleichgültig ob aus Ihnen der nächste Picasso, Einstein oder die Curie wird, mit der Fähigkeit geboren wurden, die Welt auf eine ganz einzigartige Weise zu erfahren. Und Ihre Aufgabe ist es, dieses Potenzial zu erkennen."

Jack hörte den Erklärungen des Doktors zu, und dann sagte er:

„Was Sie mir erzählt haben, klingt plausibel. Ich glaube, dass alle diese Einstellungen mein Denken während des letzten Jahres auf die eine oder andere Art beeinflusst haben." Dann zögerte er einen Moment lang und fragte: „Gibt es eine Hoffnung? Gibt es irgendeinen Weg, wie meine kreativen Kräfte wiedererweckt werden können?"

„Ja", sagte der Ideen-Doktor. „Tatsächlich gibt es dieses Heilmittel schon seit Jahrhunderten."

„Geben Sie's mir", sagte Jack.

In diesem Augenblick ging der Doktor auf Jack zu und gab ihm einen Tritt in sein Hinterteil. Jack war für einen Moment lang perplex, aber dann sprang er auf und rief aus: „Ich werde hinausgehen und mir ein paar neue Ideen einfallen lassen. Ich mache, dass etwas passiert." Der Tritt war genau der Ruck, den er gebraucht hatte, um seine Enden wieder in die richtige Position zu bringen.

„Sehen Sie, Jack, manchmal bringt nur ein kreativer Kick, so wie ein Tritt in die Kehrseite, die Leute dazu, etwas Neues zu schaffen. Ich bin froh, dass es bei Ihnen gelungen ist."

„Danke für alles", sagte Jack, als er ging.

19. Umgekehrte Sichtweise

Das Leben ist hart. Es nimmt Ihre ganze Zeit in Anspruch, alle Ihre Wochenenden, jeden Tag. Und was bekommen Sie am Ende dafür? Den Tod! Eine großartige Belohnung! Es wäre doch großartig, wenn das Leben umgekehrt verlaufen würde, oder? Der ganze Lebenszyklus wäre anders. Man sollte zuerst sterben, damit man es hinter sich hat, dann lebt man 20 Jahre – mehr oder weniger gesund – in einem Altersheim. Sie werden dann hinausgeworfen, wenn Sie zu jung sind. Sie erhalten eine goldene Armbanduhr oder einen Zinnteller und gehen zur Arbeit. Sie arbeiten 40 Jahre lang, bis Sie jung genug sind, um Ihre Pensionszeit zu genießen. Sie gehen auf die Uni, nehmen Drogen und Alkohol. Der erste Mann, die erste Frau in Ihrem Leben wird der/die letzte sein, die Sie körperlich lieben können. Sie gehen auf Partys, bis Sie bereit sind fürs Gymnasium. Sie besuchen das Gymnasium, verlernen die Sprachen und all die Dinge, von denen Sie glaubten, dass sie zu nichts nutze sind. Sie sind in der Grundschule, bis Sie Ihre Schultüte in den Händen halten. Sie werden ein kleines Kind, spielen, machen in die Hosen und tragen endlich keinerlei Verantwortung mehr. Sie werden ein Baby und schlüpfen zurück in die Gebärmutter. Sie verbringen Ihre letzten neun Monate schwimmend, und Sie beenden Ihr Leben, wenn Sie noch der sündige Gedanke Ihres Vaters sind.

Ganz neue Zusammenhänge entdeckt nicht das Auge, das über ein Werkstück gebeugt ist, sondern das Auge, das in Muße den Horizont absucht.

Carl Friedrich von Weizsäcker

Die Perspektive bezüglich eines Problems umzudrehen ist eine gute Technik, um das Denken für neue Sichtweisen zu öffnen. Manchmal kann es aber nicht nur kreativ, sondern auch problematisch sein. Es wird erzählt, dass einem William Spooner, der dafür bekannt war, dass er den ursprünglichen Klang der Worte umstellte, zum Bespiel „tons of soil" (Tonnen von Erde), statt „sons of toil" (Söhne der Arbeit) oder „queer old dean" (komischer alter Dekan), statt „dear old queen" (liebe alte Königin), sich auf einer Dinner-Party befand, wo ihm zufällig der Salzstreuer auf den Teppich fiel. Ohne mit der Wimper zu zucken, kippte Spooner seinen Rotwein darüber.

Fantasie ist etwas, was sich manche gar nicht vorstellen können.
Gabriel Laub

Ihr Kommentar:

---

20. Das Erbe

Ein weiser Wanderprediger ritt mit seinem Kamel durch die Wüste. Als er in die Nähe einer Oase kam, hörte er, wie drei Männer lauthals debattierten. Um die Streithähne herum standen 35 Kamele. Der Weise ritt näher und fragte: „Was ist es wert, dass Ihr so miteinander streitet?" „Ach", sagte einer der drei, „wir wissen nicht mehr weiter. Wir sind drei Brüder, und unser Vater hat uns 35 Kamele als Erbe hinterlassen. Der Älteste von uns soll die Hälfte bekommen, der Mittlere soll ein Drittel bekommen und der Jüngste von uns ein Neuntel. Aber egal, wie wir das Problem auch drehen und wenden, wir finden keine Lösung, außer dass wir die Kamele zerstückeln: Die Hälfte von 35 ist 17,5. Ein Drittel ist 11,6 und ein Neuntel ist 3,8. Seither streiten wir uns und wissen keinen Rat." Der Prediger überlegte kurz und sagte: „Lasst mich euch helfen! Ich schenke euch mein Kamel, dann habt ihr zusammen 36. Richtig?" Die Brüder nickten. „Dann bekommst du als Ältester die Hälfte von 36, macht 18. Bist du damit zufrieden?" Der Älteste nickte dankbar. „Der Mittlere von euch bekommt ein Drittel von 36, macht zwölf Kamele. Richtig?" Wieder nickten alle. „Bist du damit zufrieden?" „Ja, so habe ich mehr als vorher", erwiderte der Mittlere. „Und du als Jüngster bekommst ein Neuntel von 36 Kamelen, das macht vier Kamele", fuhr der Weise fort. „Bist du damit zufrieden?" „Oh ja, so habe ich auch mehr als vorher", sagte der Jüngste freudestrahlend. „Nun, dann nimm du deine 18 Kamele, du deine zwölf und der jüngste von Euch seine vier Kamele. Macht zusammen 34 Kamele. Dann bleiben zwei übrig", rechnete der Weise vor. „Dann nehme ich mein Kamel zurück und eines in Zahlung. So habe ich auch ein Kamel mehr", sprach's, stieg auf und ritt zufrieden von dannen.

Das Neue ist, eben weil es neu ist, dasjenige, was am meisten überrascht.

Gotthold Ephraim Lessing

Begrenzungen, die für eine Lösung mehr oder weniger nützlich sind, befinden sich in unserem Kopf. Wenn wir uns nur in dem vorgegebenen Rahmen bewegen, werden wir auch nur Lösungen finden, die sich innerhalb dieses Rahmens befinden. Unser Horizont ist begrenzt. Wir sehen nur den Ausblick, den wir uns selbst gestatten. Versuchen Sie einmal, die folgenden neun Punkte mit vier geraden Linien zu verbinden, ohne den Stift vom Papier zu entfernen:

*　*　*
*　*　*
*　*　*

Die Lösung liegt außerhalb des Rahmens.

Kreativität ist nichts anderes als die Fähigkeit, Dinge, die nichts miteinander zu tun haben, zu kombinieren. Dazu gehört die Fähigkeit, Dinge völlig unvoreingenommen zu betrachten und sich vom Korsett herkömmlicher Denkstrukturen zu lösen.

Ida Fleiß

Ihr Kommentar:

_____

_____

_____

_____

21. Die Tochter des Rabbi

Ein Rabbi hatte eine Tochter, sie war den Blumen gleich an Schönheit. Als sie zur Frau erblüht war, machte er sich große Sorgen um sie. Gerne hätte er sie vor der Schlechtigkeit der Welt bewahrt, die sich oft wie Reif auf junge Blüten senkt. Darum rief er sie eines Tages in sein Zimmer und klärte sie auf über die Gemeinheiten dieser Welt und die Hinterlist der Männer insbesondere. Er sprach: „Herzallerliebste Tochter, erinnere dich stets daran, was ich dir jetzt sage. Die Männer sind schlecht. Alle wollen immer nur das eine. Dabei gehen sie klug zu Werke, und du merkst gar nicht, wie schnell du dich dem Abgrund näherst und in die Tiefen der Begierde stürzt. Ich will dir zeigen, wie für gewöhnlich der Weg ins Verderben verläuft. Zuerst macht dir ein Mann schöne Augen und schaut dich mit verliebten Blicken an. Er ist begeistert von deiner Schönheit und deinen klugen Worten. Er preist in zarten Flötentönen, wie großartig du bist, einmalig in dieser Welt. Dann lädt er dich ein, mit dir tanzen zu gehen. Er sorgt für einen wunderschönen Abend, hat nur Augen für dich. Nach einem romantischen Mahl begleitet er dich nach Hause. Unterwegs kommt ihr wie durch Zufall an seinem Haus vorbei, und er erklärt dir, dass er nur schnell noch seinen Mantel holen will. Er fragt dich scheinbar ganz harmlos, ob du ihn begleiten möchtest. In seiner Wohnung angekommen, lädt er dich zum Sitzen ein, er bietet dir eine Tasse Kaffee an, ihr hört gemeinsam Musik, und dann fällt er über dich her. Er bringt Schande über dich, bringt Schande über uns, deine Mutter und mich. Unsere ganze Familie ist geschändet, deine Großeltern, deine Brüder, deine Schwestern, alle Onkel und Tanten. Unsere ganze Ehre ist dahin. Also gib gut acht."

Die Tochter des Rabbis nahm sich die Worte des Vaters sehr zu Herzen. Einige Wochen später trat sie voll Stolz vor ihren Vater und sagte: „Liebster Vater, ich wusste gar nicht, dass du ein Prophet bist. Woher konntest du wissen, dass alles so eintreffen würde, wie du es vorhergesagt hast? Zuerst hat er Wunderbares über meine Schönheit und meine klugen Reden gesagt. Dann hat er mich eingeladen, mit ihm auszugehen. Wir waren Tanzen und haben wunderbar gegessen. Er bot mir an, mich nach Hause zu begleiten. Zufällig kamen wir an seinem Haus vorbei. Er hat seinen Mantel vergessen, und da es kalt war und er mich nicht allein lassen wollte, nahm er mich mit in seine Wohnung. Er hat mir höflich eine Tasse Kaffee angeboten und wunderbare Musik spielen lassen. Da dachte ich an deine warnenden Worte, und ich ahnte, was jetzt passieren würde, aber du wirst sehen, ich bin deine treue Tochter und habe die Würde der Familie gewahrt. Du, lieber Vater, kannst stolz auf mich sein. Als ich fühlte, dass der Augenblick kommen würde, bin *ich* über ihn hergefallen und habe Schande über ihn gebracht, ich habe seine Eltern, seine ganze Familie, seine Großeltern, seine Brüder, seine Schwestern, alle Onkel und Tanten geschändet. Sein guter Ruf und seine Ehre sind dahin! Vater – Du kannst stolz auf mich sein."

Feste Entschlossenheit und Klarheit im Inneren, sanfte Anpassung und Stärke im Äußeren; das ist der Weg, etwas zu erreichen.

I Ging

George Bernard Shaw bemerkte, dass Menschen, die es in dieser Welt zu etwas bringen, jene Menschen sind, die Ausschau halten nach den Umständen, die sie benötigen; und wenn sie diese Umstände nicht antreffen, sie sich selbst erschaffen. Unsere Kreativität ermöglicht es, die Vergangenheit den Bedürfnissen der Gegenwart entsprechend umzudenken.

Als ich des Suchens müde war, erlernte ich das Finden.

Friedrich Nietzsche

Ihr Kommentar:

_____

_____

_____

_____

22. Aus dem Tagebuch einer Zweijährigen

Donnerstag, 8.10 Uhr. Kölnisch Wasser auf Teppich gespritzt. Riecht fein. Mama böse. Kölnisch Wasser ist verboten!

8.45 Uhr. Feuerzeug in Kaffee geworfen. Plupp gemacht. Haue gekriegt.

9.00 Uhr. In Küche gewesen. Reis mit Mehl gemischt. Rausgeflogen. Küche ist verboten!

9.15 Uhr. In Papas Arbeitszimmer gewesen. Konfetti gemacht. Rausgeflogen. Arbeitszimmer auch verboten!

9.30 Uhr. Schrankschlüssel abgezogen. Damit gespielt. Mama wusste nicht, wo er war. Ich auch nicht. Mama geschimpft.

10.00 Uhr. Rotstift gefunden. Tapete bemalt. Schönes Muster gemacht. Muster machen ist verboten!

10.20 Uhr. Stricknadel aus Strickzeug gezogen und krumm gebogen. Zweite Nadel ins Sofa gesteckt. Stricknadeln sind verboten!

11.00 Uhr. Sollte Milch trinken. Wollte aber Wasser! Wutgebrüll ausgestoßen. Haue gekriegt.

11.10 Uhr. Hose nass gemacht. Ausgelacht worden. Nassmachen verboten!

11.30 Uhr. Zigarette zerbrochen. Tabak drin. Schmeckt nicht gut. Zigaretten erst recht verboten!

11.45 Uhr. Tausendfüßler bis unter Mauer verfolgt. Dort Mauerassel gefunden. Sehr interessant, aber verboten!

12.15 Uhr. Dreck gegessen. Aparter Geschmack, aber verboten!

12.30 Uhr. Salat ausgespuckt. Ungenießbar. Ausspucken dennoch verboten!

13.15 Uhr. Mittagsruhe im Bett. Nicht geschlafen. Aufgestanden und auf Deckbett gesessen. Gefroren. Frieren ist verboten!

14.00 Uhr. Nachgedacht. Festgestellt, dass alles verboten ist. Wozu ist man überhaupt auf der Welt?

Wüchsen die Kinder in der Art fort, wie sie sich andeuten, so hätten wir lauter Genies.

Goethe

Ich wanderte im Land umher und suchte Antworten auf Dinge, die ich nicht verstand. Warum sich Muscheln auf den Berggipfeln finden, zusammen mit Abdrücken von Korallen und Pflanzen und Meeresalgen, die für gewöhnlich im Meer vorkommen. Warum der Donner eine längere Zeit dauert als das, was ihn verursacht, und warum der Blitz dem Auge unmittelbar nach dem Zeitpunkt seiner Erzeugung sichtbar wird, während der Donner hundertmal länger für seinen Weg braucht. Wie die verschiedenen Kreise im Wasser sich um die Stelle formen, die von einem Stein getroffen wurden, und warum sich ein Vogel in der Luft hält. Diese Fragen und andere merkwürdige Phänomene haben mein Denken während meines ganzen Lebens beschäftigt. (Leonardo da Vinci, Genie)

Neue Ideen drücken oft wie neue Schuhe.

L. Schmidt

Ihr Kommentar:

_____

_____

_____

_____

23. Der Schmuggler

Vor vielen, vielen Jahren, als der Schmuggel zu blühen begann, ging Nasrudin jeden Tag mit seinem Esel über die Grenze, die Lastkörbe hoch mit Stroh beladen. Da er zugab, ein Schmuggler zu sein, durchsuchten die Grenzwachen Nasrudin jeden Tag. Sie machten Leibesvisitationen, siebten das Stroh durch, tauchten es in Wasser und verbrannten es gar von Zeit zu Zeit. „Ihr wollt uns hinters Licht führen, ihr seid gar kein Schmuggler", sagten eines Tages die Grenzwachen. „Doch", antwortete Nasrudin, „ich bin ein Schmuggler. Ich kann es nicht ertragen, die Unwahrheit zu sagen." Von da an untersuchten die Grenzwachen noch gründlicher. Nasrudin wurde unterdessen immer wohlhabender. Schließlich setzte er sich zur Ruhe und zog in ein anderes Land. Dort traf ihn Jahre später einer der Zollbeamten.

„Jetzt könnt ihr mir es ja verraten, Nasrudin", sagte er. „Was habt ihr damals bloß geschmuggelt, als wir euch nie etwas nachweisen konnten"? „Esel", sagte Nasrudin.

Fische, die wissen wollten, was Wasser sei, gingen zu einem weisen Fisch. Er sagte ihnen, dass sie sich mittendrin befänden, und doch glaubten sie immer noch, durstig zu sein.

Nasafi

Menschen denken gerne in Schablonen und tun sich schwer, sich auf eine andersartige Sicht der Dinge einzustellen. Sicherheit ist gefragt und gerade in heutigen Zeiten besonders wichtig. Doch das Einzige im Leben, was sicher ist, ist, dass nichts sicher ist. Zusammenhänge verändern und Perspektiven wechseln, ist ein wichtiger Weg um kreativ und innovativ zu werden. Nehmen Sie zum Beispiel einen Füller: Auf die eine Art und Weise betrachtet ist es ein Schreibgerät. Auf eine andere Art betrachtet eine Waffe, ein Zeigestab, ein Ohrenputzer, eine Kratzmaschine oder ein teurer Spaß, wenn er in der Hemdtasche ausläuft. Aber erst die

Erkenntnis, unterschiedliche Perspektiven wahrnehmen zu können, ergibt die Fülle an Möglichkeiten, egal, ob es sich hierbei um Problemlösungen oder Innovationen handelt. Lösungen könnten manchmal so einfach sein, wenn man aufhört, nach dem Komplizierten zu suchen.

Nichts auf der Welt ist so mächtig wie eine Idee, deren Zeit gekommen ist.

Victor Hugo

Ihr Kommentar:

_____

_____

_____

_____

24. Kohlköpfe

In einem Lebensmittelgeschäft war ein junger Mann gerade dabei, die Regale in der Gemüseabteilung aufzufüllen. Ein Kunde kam herein und fragte nach einem halben Kohlkopf. Als der Regalauffüller erklärte, dass sie nur ganze Kohlköpfe verkaufen würden, bestand der Kunde darauf, dass er den Manager fragen sollte, ob er nicht einen halben Kopf haben könne. Also ging der Junge nach hinten und sagte zu dem Manager: „Irgend so ein Arschloch draußen will einen halben Kohlkopf kaufen." Gerade als er fertig gesprochen hatte, bemerkte er, dass der Kunde ihm durch die Türe gefolgt war. Als schneller Denker drehte er sich zum Kunden um und sagte: „Und dieser nette Gentleman hätte gerne die andere Hälfte."

Der Manager hatte bemerkt, wie findig der Regalauffüller war, und bot ihm kurz darauf die Stelle als Produktmanager eines neuen Ladens der Kette in Kanada an. Der Junge sagte: „Oh, nein, in Kanada gibt es doch nur Huren und Hockeyspieler." Der Manager blickte finster und sagte: „Meine Frau ist aus Kanada!" Der junge Mann antwortete: „Oh! In welchem Team spielt sie denn?"

Menschen, die sich auf ihren Lorbeeren ausruhen, tragen sie am falschen Ende.

Malcolm Kushner

Wie verhindern Sie, dass ein Fisch riecht?

Sie kochen ihn, sobald sie ihn gefangen haben. Sie frieren ihn ein. Sie wickeln ihn in Papier. Sie halten eine Katze in seiner Umgebung. Sie entzünden Räucherstäbchen. Sie lassen ihn im Wasser. Sie schneiden ihm die Nase ab.

Tipp: Sehen Sie über die erste richtige Antwort hinaus!

Wir leben alle unter einem Himmel, haben aber nicht alle denselben Horizont.

Ihr Kommentar:

_____

_____

_____

_____

Mut & Grenzen

Mutig sein heißt, sich für das eigene Schicksal zu entscheiden und tapfer zu sein, die Richtung zu korrigieren, wenn wir erkannt haben, dass sie uns nicht dahin führt, wohin wir wollen. Mutig sein bedeutet, nach dem zu greifen, was wir suchen, und uns darauf zuzubewegen, anstatt zu warten, bis sich die Dinge auf geheimnisvolle Art selbst verwirklichen. Aber möglicherweise hindert uns etwas, den Bereich zu verlassen, weil wir uns geborgen fühlen dort, wo sich all das befindet, was wir kennen und können, wir uns sicher sind und komfortabel fühlen – unsere lieb gewonnenen Gewohnheiten, unsere „Komfortzone". Eine Möglichkeit unsere individuellen Komfortzonen zu verlassen, wird uns in verschiedenen Bereichen unseres Lebens leider immer wieder angeboten. Im Beruf: offen zu sein für Umstrukturierungsmaßnahmen oder sich für einen neuen Job zu entscheiden. Beim Hobby: endlich mal einen Fallschirmsprung zu wagen, mit der Frau einen Tanzkurs besuchen. Und im privaten, persönlichen Bereich: eine Trennung zu wagen, die schon längst überfällig ist, sich von einschränkenden Normen und Verhaltenszwängen zu befreien. Dinge zu tun, von denen wir vorher nicht geglaubt haben, dass wir sie tun könnten. Hinter diesen Grenzen finden wir die Belohnung, die das Leben für uns bereithält. Diese „roten Linien" – bemerkbar durch einen erhöhten Pulsschlag, einem eigenartigen Gefühl im Magen oder eine Palette von Rechtfertigungen und Gründen, „es" nicht zu tun – diese Grenzen unserer Komfortzone, sind die eigentlichen Wegweiser im Leben. Wann immer Sie diese körperlichen Wachstumssignale verspüren – freuen Sie sich! Die Reue über die Dinge, die wir nicht getan haben, wird nicht milder mit den Jahren. Im Gegenteil, die Reue wird untröstlich bleiben. Es geht um den

Schritt von der Ohnmacht zur Macht. Der Weg ist immer da, wo die Herausforderung ist.

Also, Sie wollten schon immer einmal Gitarre spielen? Fangen Sie an, Stunden zu nehmen. Sie wollten schon immer Australien entdecken? Gehen Sie morgen ins Reisebüro. Sie hassen Ihre Küchentapete? Kratzen Sie die Tapete ab, und streichen Sie die Küche neu. Sie finden jemanden attraktiv? Sprechen Sie die Person an – wer sonst? Was immer Sie aufschieben, tun Sie es jetzt! Morgen kann es zu spät sein. Es sei denn, Sie wählen die Sicherheit des vertrauten Elends.

Die deutsche Definition von Mut lautet: „die günstige Stärke", Furcht und Schwierigkeiten zu riskieren, durchzuhalten oder zu widerstehen. Das englische Wort für Mut, „courage", kommt aus dem Altfranzösischen „cuer" und dem Lateinischen „cor". Beides bedeutet Herz. Egal, was Sie sich jetzt vorgenommen haben, tun Sie es mit Herz!

26. Für einen lausigen Cent

In einer Kleinstadt im Süden der USA, wo der Clan wieder sein Unwesen trieb, hatte ein jüdischer Schneider die „Verwegenheit", seinen kleinen Laden an der Hauptstraße zu eröffnen. Um ihn aus der Stadt zu vertreiben, schickte der Führer des Clans eine Bande kleiner Straßenbengels los, die ihn belästigen sollten. Tag für Tag standen sie am Eingang seines Ladens. „Jude! Jude!" riefen sie hinter ihm her. Die Situation sah ernst aus für den Schneider. Er nahm sich der Sache so an, dass er zu brüten anfing und schlaflose Nächte darüber verbrachte. Schließlich entwickelte er einen Plan. Als die kleinen Strolche am darauf folgenden Tag wiederkamen, um ihn zu verspotten, kam er zum Eingang und sagte zu ihnen: „Jetzt ist Schluss! Von heute an bekommt jeder Junge, der mich Jude nennt, eigenhändig zehn Cents von mir." Dann griff er in die Hosentasche und gab jedem Jungen mit voller Aufmerksamkeit ein Zehncentstück.

Entzückt über die Kriegsbeute kamen die Jungen am nächsten Tag etwas früher als gewöhnlich wieder und begannen ihn zu verspotten: „Jude! Jude!" Lächelnd trat der Schneider heraus. Er streckte die Hand in die Tasche und gab jedem Jungen ein Fünfcentstück, wobei er sagte: „Zehn Cent sind für eure Leistung zu viel! – sie sind heute nur fünf Cents wert." Die Jungen schlichen dennoch zufrieden davon, denn fünf Cents sind schließlich auch Geld. Als sie jedoch am folgenden Tag erneut kamen und ihn verspotteten, gab der Schneider jedem nur einen Cent. „Warum bekommen wir heute nur einen Cent?" riefen sie. „Mehr kann ich mir nicht leisten, außerdem lässt eure Qualität zu wünschen übrig." „Aber vorgestern hast du uns zehn Cents gegeben, und gestern haben wir fünf Cents erhalten. Das ist nicht fair, Mister". „Macht, was ihr wollt, mehr kriegt ihr nicht, damit Basta!" „Glaubst du etwa, wir heißen dich ‚Jude' für einen lausigen Cent?" „Dann lasst es eben bleiben"! Und sie ließen es bleiben. Das Geschäft begann zu blühen.

Zaghaften Sinnes ersteigst du nicht des Lebens Höhen.

Publius Syrus

Mut zu haben, anderen Grenzen zu setzen, wenn diese etwas zerstören wollen, was wir für rechtens halten, ist eine Herausforderung, der wir uns oft nicht stellen, aus Angst vor Konsequenzen und persönlichen Nachteilen.

Gelingt es uns aber, die Bedürfnisse der Menschen, denen Grenzen zu setzen sind, zu erspüren und sie nicht bloß verstandesmäßig zu erfassen, wird die Herausforderung zur Chance.

Wer zur Quelle will, muss gegen den Strom schwimmen.

Japanisches Sprichwort

Ihr Kommentar:

_____

_____

_____

_____

26. Mut

Als Laotse einst im Lande Kuang wanderte, da bedrohten ihn die Leute jener Gegend in dichten Scharen. Doch er hörte nicht auf, die Laute zu spielen und zu singen.

Ein Jünger kam, um nach ihm zu sehen, und sprach: „Wie kommt es, Meister, dass Ihr so fröhlich seid?" Der Meister sprach: „Komm her, ich will dir's sagen! Ich habe mich lange Zeit bemüht, dem Misserfolg zu entgehen, und kann ihm doch nicht entrinnen: das ist das Schicksal. Ich habe mich lange Zeit bemüht, Erfolg zu erlangen, und habe ihn nicht erreicht: das ist die Zeit. Unter den heiligen Herrschern gab es niemanden auf Erden, der Misserfolg hatte, ohne dass darum alle besonders weise gewesen wären. Unter den Tyrannen gab es niemanden auf Erden, der Erfolg hatte, ohne dass darum alle der Weisheit bar gewesen wären. Es war eben, weil die Zeitläufe sich so trafen. Wer im Wasser seine Arbeit tut, ohne sich zu fürchten vor Krokodilen und Drachen, der ist ein mutiger Fischer; wer die Wälder durchstreift, ohne sich zu fürchten vor Nashörnern und Tigern, der ist ein mutiger Jäger; wer angesichts des Kreuzens blanker Klingen den Tod dem Leben gleichachtet, der ist ein mutiger Held; wer in der Erkenntnis dessen, dass Erfolg und Misserfolg von Schicksal und Zeit abhängen, in der größten Not nicht zagt, der hat den Mut des Heiligen. Warte ein wenig, mein Freund! Mein Schicksal ruht in den Händen eines höheren Herrn."

Nach einer kleinen Frist kam der Führer der Bewaffneten herein, entschuldigte sich und sprach: „Wir hielten Euch für den schlimmen Yang Hu, deshalb umringten wir Euch; nun seid Ihr's nicht." Mit diesen Worten bat er um Entschuldigung und zog sich zurück.

Weisheit und Mut besteht darin zu wissen, was man übersehen muss.

Mut ist die Fähigkeit, sich durch die Angst hindurch zu glauben – und zu wissen, dass genug Zeit vorhanden ist. Genug Zeit für das Wichtige im Leben – und wichtig ist all die Zeit, durch die der Inhalt „Leben" fließt.

Tu nicht so, als hättest du tausend Jahre zu leben.

Marc Aurel

Ihr Kommentar:

_____

_____

_____

_____

27. Der Seiltänzer

In einer Großstadt führte ein Seiltänzer seine Künste in großer Höhe vor. Als besondere Attraktion schob er einen Schubkarren über das Drahtseil auf die andere Seite. Als er damit sicher die andere Seite erreicht hatte, fragte er die Zuschauer, ob sie glaubten, dass er den Schubkarren wieder zurückschieben könne. Alle klatschten frenetisch Beifall. Damit wollten sie zum Ausdruck bringen, dass sie überzeugt waren, dass er es tun könne.

Da fragte er noch einmal: „Ihr stimmt also alle überein, dass ich den Schubkarren zurückschieben kann?" „Aber natürlich!", schrien alle und klatschten Beifall. „Nun gut", sagte der Akrobat, „ich will euren Glauben prüfen: Wer von euch will hier heraufkommen und sich in den Schubkarren setzen, während ich ihn auf die andere Seite hinüberschiebe?"

Niemand wollte es. Niemand wollte so hautnah mit hineingezogen werden. Sie waren alle zufrieden damit, nur einfache Zuschauer zu bleiben.

Man ist geneigt, den Erfolg eines anderen nur seinem Glück zuzuschreiben. Das Glück eines Menschen lässt sich eben leichter erkennen als seine Courage.

André Birabeau

Warum sich erst am Dienstag erst schlecht fühlen, wenn ich am Montag schon damit beginnen kann? Das Leben bietet viele Möglichkeiten, die Chancen nicht anzunehmen. Solange die Träume, die nie wahr werden, noch ausreichen, kann der Schuster bei seinen Leisten bleiben; und das ist gut so, solange das vermeintliche Wohlfühlen keine Selbsttäuschung ist.

Sollten Sie vom Leben jedoch mehr erwarten als Stagnation und das „Bier-Pantoffeln-Glotze"-Phänomen, so haben Sie drei Möglichkeiten: „Love it, leave it or change it." Ändern Sie die Situation und tun statt dessen etwas, was Ihnen mehr Befriedigung verschafft, oder verschenken Sie Ihren Fernsehapparat. Tun Sie keines von beidem, dann hören Sie wenigstens auf zu jammern!

Genialität ist der Mut zu sich selbst.

Hans Kudszus

Ihr Kommentar:

_____

_____

_____

_____

28. Seesterne

Vor langer Zeit gab es einen Mann, der ging gewöhnlich hinunter zum Meer, um zu schreiben. Eines Tages schaute er hinunter zum Strand, und er sah in einiger Entfernung einen Mann, der komische Bewegungen machte. Er lächelte zu sich selbst, stand auf und ging näher zu dem Fremden heran. Als er in seiner Nähe stand, erkannte er einen jungen Mann, der etwas vom Strand aufnahm und es vorsichtig wieder in das weite Meer warf. Er sagte: „Guten Morgen. Was tun Sie denn da, wenn ich mal fragen darf?" Der junge Mann schaute auf und erwiderte erstaunt: „Sie dürfen. Ich werfe die Seesterne wieder zurück ins Meer. Sonst würden sie in der Sonne vertrocknen und sterben, außerdem geht die Flut zurück." „Aber, junger Mann", meinte der Schreiber mit einem Lächeln auf seinen Lippen. „Sie realisieren anscheinend nicht, dass es hier kilometerweit Strand aufwärts und Strand abwärts Millionen von Seesternen gibt, die an Land gespült wurden. Das, was Sie tun, ergibt doch überhaupt keinen Sinn! Das macht doch keinen Unterschied!" Der junge Mann hörte freundlich zu. Dann bückte er sich, nahm einen Seestern in die Hand, schaute zuerst ihn und dann den Fremden an, warf ihn in die Wellen und sagte: „Für diesen einen macht es einen Sinn und einen Unterschied!"

Wir verlangen, das Leben müsse einen Sinn haben, aber es hat ganz genau so viel Sinn, als wir selber ihm zu geben im Stande sind.
Hermann Hesse

Es kann sich als schwierig erweisen, moralische Aspekte in unserer Entscheidungsfindung zu berücksichtigen. Doch mit Entschlüssen, die das Leben anderer tangiert, sollten wir es uns nicht zu leicht machen. Denn in solchen Momenten wird etwas Grundlegendes in uns angesprochen: das Bedürfnis, das zu tun, was unserer Überzeugung nach rechtens ist. Dies erfordert Mut. Mut zu der Handlung zu stehen und sich den Konsequenzen zu stellen.

Nichts im Leben hätte auch nur den geringsten Sinn, wenn es den Tod nicht gäbe.

Wolfgang Hildesheimer

Ihr Kommentar:

_____

_____

_____

_____

29. Zwei Steine im Beutel

Es war vor vielen hundert Jahren, da lebte ein ehrbarer Kaufmann. Sein größtes Glück war seine Tochter, jung und schön. Er war sehr stolz auf sie, und er liebte sie über alles. Aber wie das so ist im Leben: Glück und Unglück liegen oft dicht beieinander: sein Unglück war, dass er bei einem alten, hässlichen Wucherer mit einer großen Summe in der Kreide stand.

Der alte Wucherer hatte ein Auge auf die Kaufmannstochter geworfen und machte deshalb dem Kaufmann folgenden Vorschlag: „Wenn du mir deine Tochter zur Frau gibst, sind dir alle Schulden erlassen." Vater und Tochter lehnten entsetzt ab.

„Na gut", gab sich der Wucherer großzügig, „dann lassen wir eben das Schicksal entscheiden. Sieh her", wandte er sich an die Tochter, „wir stehen hier auf einem Gartenweg, der mit vielen Kieselsteinen bestreut ist: schwarzen und weißen. Ich bücke mich jetzt und gebe zwei Steine in diesen Beutel hier: einen schwarzen und einen weißen. Und jetzt zieh'! Ziehst du den schwarzen Stein, dann musst du mich heiraten. Aber deinem Vater sind alle Schulden erlassen. Ziehst du den weißen Stein, dann musst du mich nicht heiraten, aber deinem Vater sind trotzdem alle Schulden erlassen. Zieh!"

Die Angst hatte die Kaufmannstochter wohl besonders vorsichtig gemacht, und sie hatte bemerkt, dass der Wucherer zwei schwarze Steine in den Beutel geschmuggelt hatte. Das bedeutete für sie, welchen sie auch zog, sie musste den Wucherer heiraten. Was tun? Beide Steine herausnehmen, um den Betrüger zu entlarven? Dann hätte er aus Rache auf die Bezahlung der Schulden gedrängt, und der Vater wäre in den Schuldturm gewandert. Einen weißen Stein in den Beutel schmuggeln? Das hätte er gemerkt. Die Spielregeln verändern, Schwarz als Glücksfarbe bestimmen? Damit wäre er nicht einverstanden gewesen. Was also tun???

Sie griff in den Beutel, nahm einen Stein heraus und ließ ihn im gleichen Moment scheinbar unabsichtlich auf den Gartenweg fallen. „Oh, ich Tollpatsch!" rief sie. „Jetzt wissen wir gar nicht mehr, welchen Stein ich gezogen habe, denn hier auf dem Gartenweg liegen ja viele schwarze und weiße Steine. Aber das macht ja gar nichts", wandte sie sich fröhlich an den Wucherer, „denn der Stein, der sich noch im Beutel befindet, wird uns zeigen, welchen ich gezogen habe."

Niemand kann dir ohne deine Zustimmung ein Gefühl der Unterlegenheit vermitteln!

Eleanor Roosevelt

Wir alle kennen Momente blitzartiger Erkenntnisse, die uns plötzlich treffen und uns klar machen, dass die Lösung einer scheinbar ausweglosen Situation doch möglich ist. Diese Geistesblitze werden doch nur dann zur Fügung, wenn wir den Mut haben, sie ebenso spontan und schnell umzusetzen.

Nichts geschieht ohne Risiko. Aber ohne Risiko geschieht auch nichts.

Henry Ford

Ihr Kommentar:

_____

_____

_____

_____

30. Der König und die Lampe

Vor langer, langer Zeit, als die Leute noch alle ihre Geräte aus Zinn fertigten, lebte einmal ein Zinnhändler, der eine große Kunstfertigkeit besaß. Er verdiente seinen Unterhalt damit, von Ort zu Ort zu ziehen und seine Ware zu verkaufen. Auf dem Rücken trug er sein Werkzeug und ein Zelt, das er dort aufschlug, wo er gute Geschäfte machen konnte. Die Leute hießen ihn herzlich willkommen.

Eines Tages kam er zu einem Dorf, wo er besonders gerne arbeitete, weil er hier sehr beliebt war und seine beste Ware für gutes Geld verkaufen konnte. Doch diesmal kaufte niemand etwas. Seine Kunden schienen bedrückt und unglücklich. Endlich erreichte er das Haus am Ende des Dorfes, wo eine weise Frau lebte, der er jedes Jahr eines seiner Meisterstücke verkauft hatte. Aber auch sie schüttelte dieses Mal den Kopf und sagte. „Packe deine Ware gar nicht aus, ich habe nicht Geld genug, auch nur einen Löffel zu kaufen. Genauso geht es allen meinen Nachbarn." „Was ist denn los? Hier habe ich stets die besten Geschäfte gemacht." „Unser König hat neue Steuern erlassen. Er nimmt drei Viertel von allem Korn und allen Früchten. Die Bauern können ihr Vieh nicht mehr füttern, der Müller hat nicht genug Korn, der Bäcker nicht genug Mehl. Alles Handwerk liegt darnieder. Bald müssen wir auch auf Wanderschaft gehen so wie du, oder wir verhungern." „Ja, warum sagt ihr denn nicht dem König Bescheid?" „Keiner hat die Kraft dazu, wir sind zu schwach vom Hunger." Da wusste der Zinnhändler, was zu tun sei. Er lud seinen Packen auf und ging auf dem Weg entlang, der zum Schloss führte, bis er nahe genug war, um die Torwächter zu sehen. Er baute sein Zelt auf und zündete ein Feuer an, nahm die Werkzeuge heraus und begann, eine Lampe zu machen.

Noch nie hatte er eine so kunstvolle und komplizierte Lampe hergestellt. Sie hatte ein Muster, das die schönsten Schatten warf, wenn der Docht brannte. Die Torwächter sahen das Feuer, hörten den Mann bei der Arbeit und wollten ihn fortjagen. „Dieser Weg gehört dem König. Wie wagst du es, dein Zelt aufzubauen und dein Gewerbe zu treiben ohne Erlaubnis?"

„Das werde ich sagen, wenn der König selber vorbeikommt; denn ich arbeite für ihn", erwiderte der Zinnhändler. Die Torwächter schauten ihn sehr erstaunt an. Er aber arbeitete ruhig weiter, lötete die vier fertigen Seiten der Lampe zusammen und begann, sie blank zu putzen, als die Kutsche mit dem König anrollte. „Heda, was treibt er sein Handwerk auf meinem Weg?" „Ich habe ein Kunstwerk für den Herrn und Herrscher dieses Landes gemacht; doch es ist eine Bedingung dabei." Voller Neugierde stieg Seine Majestät aus der Kutsche und betrachtete die Lampe. Nie hatte er eine schönere Lampe gesehen. Er wollte sie sofort kaufen. Der alte Mann aber arbeitete weiter und rieb das Metall, bis es im Lichte des Feuers glänzte. „Ist die Lampe fertig?" „Ja, sie ist fertig für einen gerechten König." „Wie viel kostet sie?" „Dem Gerechten kostet sie nichts, als dass er versprechen muss, keinen Ärger zu zeigen und zuzuhören, bis er das Geheimnis der Lampe enträtselt hat." „Was ist das Geheimnis der Lampe?" „Sie offenbart alle Schwächen und Fehler der Untertanen."

„Ha, das ist ein gutes Geheimnis. Ich werde die Bedingung erfüllen und keinen Ärger zeigen, bis ich alle Schwächen meiner Untertanen entdeckt habe. Hier sind vier Goldstücke; denn ein König, der gerecht ist, muss die Arbeit bezahlen. Du aber bleibst heute Nacht hier, bis ich die Lampe ausprobiert habe und wehe, wenn du mich beschwindelt hast." Stolz trug der König die herrliche Lampe in das Schloss und zeigte sie der Königin. Sie klatschte in die Hände, rief einen Diener, der sie mit Unschlitt füllen und anzünden musste. Ah, das war ein wundervoller Anblick! Die Schatten tanzten an den Wänden und zeigten vier verschiedene Muster. Rundherum leuchtete das Gemach, wie nie zuvor. Der König befahl, den Tisch zu decken und die Lampe neben seinen Teller zu stellen. So geschah es. Kaum aber hatte sich das königliche Paar zum Essen niedergelassen, da lief ein Strom von heißem

Talg über das Tischtuch auf die Kleider Seiner Majestät und tropfte auf den kostbaren Teppich.

„Holt mir den Kerl, der mir dieses Schandstück verkauft hat. Er soll es büßen!" rief er im Zorn; denn er fühlte das flüssige, heiße Wachs brennend auf der Haut. Sofort eilten die Diener zu dem Zelt zurück, wo der Zinnhändler in aller Ruhe auf sie wartete. Er ging widerstandslos mit. Inzwischen erinnerte sich der König an die Bedingung und zähmte seinen Zorn. Er wies auf den Schaden, den der brennend heiße Talg angerichtet hatte und sagte: „Da ist deine nutzlose Lampe, die nur zehn Minuten gebrannt hat, als der Talg auslief und den Tisch, den Teppich und meine Kleider ruiniert hat. Das soll die beste Lampe sein für einen gerechten König?" „Ja, es ist die beste Lampe, die ich je gemacht habe, aber es ist nicht meine Schuld, wenn sie undicht ist. Das Zinn habe ich hier in diesem Reich gekauft. Wenn das Metall schlecht ist, kann auch der größte Kunstschmied keine gute Lampe anfertigen. Frage den Mann, der mir das Zinn verkaufte." Da schickte man nach dem Händler, und in Windeseile wurde der Händler gebracht, dem die Knie schlotterten. „Hast du diesem Schmied das Zinn verkauft?" „Ja, heute kam er zu mir und kaufte eine Platte Zinn." „Diese Lampe ist aus dem Zinn gefertigt. Das Metall ist schadhaft. Du bist schuld, dass mein Tisch, mein Teppich und meine Kleider ruiniert sind." „Herr, wenn diese Platte Zinn fehlerhaft war, dann ist es die Schuld dessen, der die Schmelzerei besitzt, von der ich das Rohmaterial kaufe."

Da schickte man nach dem Besitzer des Schmelzofens. In Windeseile brachten die Soldaten den Mann, dem auch die Knie schlotterten. „Hast du diesem Händler das Zinn verkauft aus dem die Platte gemacht ist, die dieser Kunstschmied verarbeitet hat?" „Ja, Herr, ich besitze den einzigen Schmelzofen in dem Ort und verkaufe Zinn an Händler." „Dann bist du schuld daran, dass die Lampe schadhaft ist und den Tisch, den Teppich und meine Kleider ruiniert hat." „Nein, Majestät, es ist die Schuld dessen, der den Blasebalg gemacht hat, mit dem ich das Feuer anblase. Ist der

Blasebalg schlecht, brennt das Feuer zu schwach und das Zinn ist verdorben."

Da galoppierten die Soldaten ins Dorf. In Windeseile brachten sie den Mann, der den Blasebalg gemacht hatte. „Hast du diesem Besitzer des Schmelzofens einen Blasebalg verkauft?"

„Ja, Herr, das habe ich getan. Ich bin der Einzige hier am Ort, der einen Blasebalg fertigen kann." „Dann bist du schuld, dass das Feuer schlecht brannte, als das Zinn geschmiedet wurde aus dem die Platte besteht, den dieser Kunstschmied für die Lampe gebraucht hat. Sie ist schadhaft." „Mein Herr und König, vergib mir, aber es ist nicht meine Schuld, dass der Blasebalg fehlerhaft ist. Ehe ich einen Blasebalg machen kann, muss ich Leder von der Gerberei kaufen. Wenn das Leder nichts taugt, wird der Blasebalg schlecht."

Da ritten die Soldaten ins Dorf und brachten den Gerber vor den König. „Hast du diesem Mann das Leder für den Blasebalg verkauft, der das Feuer in der Schmiede schürt?" „Ja, Herr, ich lieferte ihm das gegerbte Leder für seine Arbeit." „Dann bist du schuld daran, dass der Blasebalg schlecht war, der das Feuer schürte, als der Schmied das Zinn für diese Lampe gemacht hat." „Nein, Herr, ich bin nicht schuld. Der Bauer, der mir die Felle zum Gerben bringt, der ist schuld. Wenn die Kühe nichts taugen, sind die Felle schlecht und ein Gerber kann aus schlechten Fellen kein gutes Leder machen."

Wieder sausten die Soldaten auf ihren schnellen Pferden ins Dorf. Sie brachten den Bauern in Windeseile vor den König. „Hast du dem Gerber das Fell deiner Kuh verkauft, aus dem er das Leder macht, mit dem die Blasebälge gemacht werden, die das Feuer schüren, um das Zinn zu fertigen, aus dem diese fehlerhafte Lampe hier gemacht worden ist?" „Ja, Eure Majestät. Ich verkaufe das Fell meiner Kühe an den Gerber. Er macht daraus das Leder für den Blasebalg, den der Zinnschmied angewendet, um eine Platte Zinn zu machen. Aber wenn das Fell schlecht ist, so ist es doch nicht meine Schuld." „Wessen Schuld ist es denn, Bauer?" „Es ist

Eure Schuld, Herr." Da schwollen dem König die Zornesadern. Er erinnerte sich aber an sein Versprechen und fragte: „Wieso ist es meine Schuld?"

„Auf meinem Acker wächst Korn, und drei viertel davon muss ich in Steuern an Euch zahlen. Von dem Rest kann ich meine Familie und die Kuh kaum am Leben erhalten. Wir hungern, die Kuh hungert und ihr Fell ist so schlecht, dass der Gerber kein gutes Leder machen kann. Der Blasebalg ist schadhaft, so dass das Feuer nicht brennen kann, um das Zinn zu schmelzen und daraus Geräte zu machen, die etwas taugen."

Es wurde ganz still. Dann wendete sich der König dem Kunstschmied zu und sagte: „Wahrlich, diese Lampe hat die Schwächen und Fehler meiner Untertanen offenbart, aber auch meine eigenen. Was soll ich tun, um eine gute Lampe zu bekommen?" „Schaut in die Gesichter dieser Eurer Untertanen und Ihr werdet dort die Antwort finden. Die Untertanten hungern und der Hunger verdirbt jede Arbeit. Die Pferde Deiner Soldaten fressen mehr Hafer, als irgendeiner von diesen treuen Handwerkern für sich selber hat." Da rief der König seinen Koch und seinen Mundschenk, befahl ein reichliches Mahl zuzubereiten und lud die Männer ein, mit ihm zu speisen.

Da setzten sie sich alle nieder, der Bauer, der Gerber, der Hersteller des Blasebalgs, der Schmied, der Zinngießer und der alte, kunstfertige Zinnhändler. Der Mundschenk füllte die Gläser, und sie tranken roten Wein. „Euch verdanke ich es, meine Aufgabe als König in einem neuen Licht zu sehen. Diese Lampe ist zwar schadhaft, aber sie hat alle meine früheren Taten so erleuchtet, dass ich sie mit neuen Augen anschaue. Ich verspreche, dem Bauern genug Korn zu lassen, dass seine Kühe ein gutes Fell kriegen, der Gerber gutes Leder gerbt, die Blasebälge heißes Feuer anblasen, die Schmelzer gutes Metall machen, der Zinngießer fehlerlose Zinnplatten gießt und mein Freund, der Kunstschmied, mir eine neue Lampe machen kann. Auf Euer Wohl!" Und sie tranken den guten Wein, aßen ein vortreffliches Mahl und jeder der Gäste durfte aus den Vorräten etwas für Frau und Kind mitnehmen. Unser alter Zinnhändler aber brachte der weisen Frau am Ende des Dorfes einen Korb, den der Koch besonders liebevoll gepackt hatte. So dankte er ihr, dass sie ihm den Grund der Armut verraten hatte.

Rufe dir das Gesicht des ärmsten und schwächsten Mannes in Erinnerung, und frage dich, ob der von dir beabsichtigte Schritt ihm von irgendeinem Nutzen sein wird.

Mahatma Ghandi

Fakten hören nicht auf zu existieren, auch wenn man sie absichtlich übersieht. Mut zur Offenheit erlaubt allen Beteiligten die Entscheidungen nachzuvollziehen. Er bildet einen Sinn für Integrität innerhalb eines Prozesses, und fördert das Vertrauen, auch wenn sich eine Entscheidung im Nachhinein als Fehler herausstellen sollte.

Mut auf der moralischen Ebene hat eine ähnliche Bedeutung: zu handeln nach dem, was recht ist, sich seinen eigenen Werten verpflichten und die Konsequenzen zu tragen. Letztendlich bestimmt moralischer Mut den Führungsstandard nicht nur in Wirtschaft und Politik, sondern ist auch Ausdruck von Charisma und innerer Ausstrahlung.

Es gibt keine Grenzen. Nicht für den Gedanken, nicht für die Gefühle. Die Angst setzt die Grenzen.

Ingmar Bergmann

Ihr Kommentar:

_____

_____

_____

_____

Charisma & Ausstrahlung

Es gibt sicherlich viele interessante Menschen. Von denen sind jedoch nicht alle charismatisch. Acht Buchstaben, die einen Unterschied machen. Aber welchen? Was unterscheidet Menschen mit Charisma, wie beispielsweise Ghandi, Martin Luther King oder Willy Brandt von „bloß" interessanten Persönlichkeiten? Gemeinsam ist ihnen eine gewisse Ausstrahlung, die Visionen transportieren kann. Sie stehen für eine hohe Wertebezogenheit und bieten die Idee einer Welt, der man zugehören möchte. Dadurch schaffen sie Gefolgschaft. Sie faszinieren. Ihre Überzeugungen werden von ihnen gelebt! Sie besitzen eine starke innere Referenz, das heißt, sie glauben an sich selbst und wissen, dass ihre Visionen die richtigen sind – gegen allen Widerstand. Neben der Fähigkeit, Visionen zu haben, steht hinter ihrem Handeln auch das Motiv, der Wunsch, Menschen für ihre Sache zu gewinnen.

Bill Gates – sicherlich ein interessanter Mann, ein Genie auf seine Art. Aber bevor er andere Menschen für seine Idee gewinnt, will er selbst gewinnen. Visionen und hohe Ziele kennzeichnen auch ihn aus. Moralische Werte, von denen er wünscht, dass alle anderen sie teilen sollen, hat er nicht. Die Idee seiner Welt soll funktionieren und existieren. So viel zum Unterschied.

Charisma ist als Eigenschaft an sich wertneutral. Sie kann jedoch – je nach Wertebezug – sowohl für destruktive Zwecke als auch für hohe ethische Zwecke dienen, wenn das richtige Tun dahinter steht.

Was also ist Charisma? Charisma haben jene Personen, die anderen verhelfen zu träumen, eine Vision zu entwickeln. Sie fordern und fördern, sie leiten an, neue Wege zu gehen, und sie helfen, persönlich zu wachsen.

31. Der Träumer

Einst kam ein Mann aus der Wüste in die große Stadt; er war ein Träumer und trug nichts anderes bei sich als sein Gewand und einen Stab. Als er durch die Straßen der Stadt schlenderte, blickte er voll Staunen und Bewunderung auf die Tempel, Türme und Paläste von Scharia, deren Pracht unübertroffen war. Oft sprach er die Vorübergehenden an und erkundigte sich nach ihrer Stadt, aber sie verstanden weder seine Sprache, noch verstand er die ihre.

Um die Mittagszeit blieb er vor einem großen Gasthaus stehen, das aus gelbem Marmor erbaut war; hier gingen die Leute unbehelligt ein und aus. „Das wird wohl ein Heiligtum sein", dachte der Träumer und trat ein. Doch wie überrascht war er, als er sich in einem riesigen Saal von unermesslicher Pracht wiederfand, in dem zahlreiche Männer und Frauen um eine große Zahl von Tischen saßen. Und sie aßen und tranken, während sie den Musikanten lauschten.

„Nein", sagte sich der Träumer, „das ist kein Gottesdienst. Es wird wohl ein Fest sein, das der Prinz für sein Volk veranstaltet zum Gedenken an ein wichtiges Ereignis." In diesem Augenblick näherte sich ihm ein Mann, den er für einen Diener des Prinzen hielt, und er lud ihn ein, sich zu setzen. Sogleich wurden ihm Fleisch und Wein und köstliche Süßigkeiten aufgetischt. Als er gesättigt war, stand der Träumer auf, um seinen Weg fortzusetzen. An der Tür hielt ihn ein Mann von stattlicher Größe an, der prächtig gekleidet war. „Das ist gewiss der Prinz persönlich", dachte der Träumer, verbeugte sich vor ihm und dankte ihm. Da sagte der große Mann in der landesüblichen Sprache: „Gnädiger Herr, Sie haben für Ihr Essen noch nicht bezahlt!" Doch der Träumer verstand ihn nicht und bedankte sich nochmals überschwänglich. Da betrachtete der große Mann ihn genauer. Er stellte fest, dass er ein Fremder war, der ein bescheidenes Gewand trug und wohl nichts besaß, um sein Mahl zu bezahlen. Er rief etwas, indem er in die Hände schlug. Darauf erschienen vier Wächter der Stadt. Nachdem sie dem großen Mann zugehört hatten, nahmen sie den Träumer in ihre Mitte – zwei Wachleute auf jeder Seite von ihm. Der Träumer bemerkte ihre festliche Kleidung und ihr zeremonielles Verhalten. Er fühlte sich geehrt und dachte: „Dies sind vornehme Männer!" Die Wachleute führten ihn zum Gerichtsgebäude und betraten es. Im Innern sah der Träumer auf einem Thron sitzend einen ehrwürdigen Mann mit wallendem Bart und prunkvoller Robe. Er glaubte, es sei der König persönlich, und er war stolz, dass man ihm die Ehre erwies, vor den König zu treten.

Die Wachleute berichteten nun dem Richter, was im Gasthaus vorgefallen war und klagten ihn des Betrugs an; der Richter bestimmte zwei Rechtsgelehrte, einen, der die Anklage vorbringen sollte, und einen anderen, der den Fremden verteidigen sollte. Die beiden Rechtsgelehrten erhoben sich und trugen ihre Argumente vor. Der Träumer glaubte, dass es sich dabei um Willkommensgrüße handele, und sein Herz war erfüllt von Dankbarkeit gegenüber dem König und dem Prinzen, die ihm so große Ehre erwiesen hatten.

Dann wurde der Urteilsspruch gefällt, und seine Bestrafung bestand darin, dass ihm eine Tafel um den Hals gehängt wurde, auf der sein Vergehen geschrieben stand; auf diese Weise sollte er auf einem ungesattelten Pferd durch die Stadt reiten, begleitet von einem Trompeter und einem Trommler, die vor ihm hergehen sollten. Das Urteil wurde sogleich vollstreckt.

Als nun der Träumer auf dem ungesattelten Pferd durch die Stadt zog hinter dem Trompeter und dem Trommler, die zu Fuß vor ihm herzogen, rannten die Bewohner der Stadt hinzu, angelockt von der Musik und dem Lärm. Als sie den Fremden sahen, lachten sie, und die Kinder folgten ihm von Straße zu Straße. Der Träumer war begeistert von diesem Empfang, und er blickte alle glückstrahlend an, denn er glaubte, dass die Tafel um seinen Hals ein königlicher Huldbeweis sei und dass der Umzug ihm zu Ehren veranstaltet würde.

Während er so ritt, sah er plötzlich in der Menge einen Mann, der wie er aus der Wüste kam. Voll Freude rief er ihm zu: „Freund, Freund, wo sind wir hier? Welche Stadt ist dies, die so ganz den Wünschen des Herzens entspricht? Was für großzügige, ja verschwenderische Gastgeber sind diese Menschen, die den zufälligen Gast in ihren Palästen beköstigen, deren Prinzen ihn zum König geleiten und deren König ihm einen Huldbeweis anheften lässt, so dass ihm die Gastfreundschaft einer ganzen Stadt zuteil wird, einer Stadt, die vom Himmel herabgestiegen zu sein scheint!" Der Mann, der aus der Wüste kam, antwortete nicht. Er lächelte nur und schüttelte kaum wahrnehmbar den Kopf. Und die Prozession zog weiter.

Der Träumer hielt seinen Kopf hocherhoben, sein Gesicht spiegelte Stolz und Entzücken, und seine Augen leuchteten.

Der Pessimist sieht die Schwierigkeiten jeder Gelegenheit, der Optimist sieht die Gelegenheit in jeder Schwierigkeit.

L. P. Jacks

Charisma und Werden gehen einher mit Entwicklung, Wachstum und Geduld. Ersteres im Sinne der Selbstverwirklichung und Selbsterkenntnis. Geduld, um Stationen und Prüfungen immer neu zu bestehen. Welche Persönlichkeit am Ende „ent-wickelt" sein wird, ist in der Disposition schon immer vorhanden gewesen.

Aber ebenso wie ein Apfelbaum bei noch so guter Pflege und Behandlung keine Birnen hervorzubringen vermag, kann der Mensch sich nur im Rahmen seiner Möglichkeiten entwickeln. – Wir müssen also werden, was wir sind!

Aus den Träumen von gestern werden manchmal die Alpträume von morgen.

Friedrich Nowottny

Ihr Kommentar:

_____

_____

_____

_____

32. Wenn ich stehe, dann stehe ich

Ein in Meditation erfahrener Mann wurde einmal gefragt, warum er trotz seiner vielen Beschäftigungen immer so gesammelt sein könne. Dieser sagte: „Wenn ich stehe, dann stehe ich. Wenn ich gehe, dann gehe ich. Wenn ich sitze, dann sitze ich. Wenn ich esse, dann esse ich. Wenn ich spreche, dann spreche ich ..."

Da fielen ihm die Fragesteller ins Wort und sagten: „Das tun wir auch, aber was machst du noch darüber hinaus?"

Er sagte wiederum: „Wenn ich stehe, dann stehe ich. Wenn ich gehe, dann gehe ich. Wenn ich sitze, dann sitze ich. Wenn ich esse, dann esse ich. Wenn ich spreche, dann spreche ich. Wenn ich bete, dann bete ich ..."

Wieder sagten die Leute: „Das tun wir doch auch."

Er aber sagte zu ihnen: „Nein. Wenn ihr betet, seid ihr schon wieder bei euren Geschäften. Wenn ihr sitzt, dann steht ihr schon. Wenn ihr steht, dann lauft ihr schon. Wenn ihr lauft, dann seid ihr schon am Ziel ..."

Keine Zukunft vermag gut zu machen, was du in der Gegenwart versäumst.

Albert Schweitzer

Im Zen heißt es: „Der Weg ist das Ziel" und das „Alltägliche ist der Weg". Es gibt insofern „Nichts im Besonderen" zu tun, es gibt auch keine Kleinigkeiten – alles ist wichtig.

Jeder Augenblick ist die beste aller Gelegenheiten. Tue, was zu tun ist, ohne die ständige unruhige Suche nach anderen – „besseren" Dingen. Tue, was Du tust, in vollem und achtsamen Gewahrsein dessen und nur dessen, worum es gerade geht.

Schau nicht auf die kleinen Vorteile. Der Wunsch, etwas rasch zu tun, hindert uns daran, es sorgfältig zu tun. Der Blick auf die kleinen Vorteile macht große Leistungen unmöglich.

Konfuzius

Ihr Kommentar:

_____

_____

_____

_____

33. Intelligenz

Eines Abends sahen die Leute Rabiya, die arme, alte Frau, auf der Straße vor ihrer Hütte nach etwas suchen. Sie fragten: „Was ist los? Wonach suchst du?" Und sie antwortete: „Ich habe meine Nadel verloren." Also fingen sie an, ihr zu helfen.

Dann fiel es jemandem ein zu fragen: „Rabiya, die Straße ist groß, und die Nacht bricht an, es wird bald dunkel sein, und eine Nadel ist etwas so Kleines – kannst du uns genau beschreiben, wo sie hingefallen ist?"

Rabiya sagte: „Die Nadel hab ich im Hause verloren." Sie sagten: „Bist du verrückt geworden? Wenn du die Nadel im Hause verloren hast, warum suchst du dann hier?" Und sie sagte: „Weil hier Licht ist. In meinem Hause gibt es kein Licht."

Und jemand fragte: „Selbst wenn hier Licht ist, wie sollen wir denn die Nadel finden, wenn du sie hier nicht verloren hast? Es wäre richtiger, Licht ins Haus zu bringen, damit du die Nadel dort finden kannst!"

Und Rabiya lachte. „Ihr seid so kluge Leute, wenn es um kleine Dinge geht", sagte sie. „Wann werdet ihr endlich anfangen, eure Intelligenz für euer inneres Leben einzusetzen? Ich habe euch alle draußen suchen sehen, und ich weiß ganz genau, ich weiß es nun aus eigener Erfahrung, dass ihr das, was ihr sucht, drinnen verloren habt."

Wer den Himmel nicht in sich trägt, sucht die Sterne vergebens im ganzen Weltall.

Karl Sonnenschein

Viele Menschen, die nach Erleuchtung suchen, wissen nicht, wo sie suchen sollen. So ist es nicht verwunderlich, dass sie nach exotischen Quellen der Erkenntnis forschen, oft irgendeinem Kult anhängen oder sich auf alle möglichen Theorien stürzen, überzeugt davon, das Echte vom Falschen unterscheiden zu können.

... die Dunkelheit war bedrückend, denn ich verließ mich ganz auf meine Augen, nichts ahnend, dass mich eine andere Kraft führen könnte.

Carlos Castaneda

Ihr Kommentar:

_____

_____

_____

_____

34. Drei goldene Figuren

Um den König seines Nachbarreichs auf seine Klugheit und Unterscheidungsfähigkeit und den Scharfsinn dessen Volkes zu prüfen, sandte in alten Tagen ein König ihm drei goldene Figuren. Diese Figuren hatten dasselbe Aussehen und besaßen dasselbe Gewicht. Dennoch sollten diese drei Figuren einen unterschiedlichen Wert haben. Welche Figur die wertvollste sei, sollte der König feststellen.

Zusammen mit seinem Hofstaat betrachtete der König die Figuren, ohne auch den geringsten Unterschied feststellen zu können. Auch die Weisesten in seinem Reich wollten ihre Hand dafür ins Feuer legen, dass kein Unterschied zwischen den Figuren bestände. Die drohende Blamage, ein Reich zu haben, in dem niemand genügend erleuchtet sei, dass er den unterschiedlichen Wert der Figuren beurteilen konnte, stimmte den König trübsinnig. Das ganze Land nahm an diesem Geschehen teil, und alle gaben ihr Bestes.

Als man schon die Hoffnung aufgeben wollte, meldete sich ein junger Mann aus einem Gefängnis. Er wolle schon den Unterschied feststellen, wenn man sie ihm nur zur Untersuchung überlassen wolle. Der König befahl den jungen Mann in den Palast und ließ ihm die goldenen Figuren überreichen. Der junge Mann betrachtete sie ganz genau. Schließlich stellte er fest, dass alle Figuren ein kleines Loch im Ohr hatten. Prüfend führte er einen dünnen Silberdraht hinein. Er stellte fest, dass bei der ersten Figur der dünne Silberdraht wieder aus dem Mund herauskam. Bei der Zweiten kam der Silberdraht aus dem anderen Ohr heraus. Bei der Dritten endlich kam der Draht aus dem Nabel des Bauches zum Vorschein. Nach kurzem Nachdenken wandte er sich an den König.

„Hoheit", sagte er, „ich glaube, die Lösung des Rätsels liegt wie ein offenes Buch vor uns. Wir sollten nur versuchen, diese Buch zu lesen. Seht her, so wie jeder Mensch anders ist als die anderen, ist auch jede dieser Figuren für sich einzigartig. Die erste Figur erinnert an Menschen, denen man etwas sagt und die kaum, dass sie es gehört haben, sich beeilen, das Gehörte weiterzuerzählen. Die zweite Figur ähnelt den Menschen, wenn man ihnen etwas sagt, es in das eine Ohr hinein und zum anderen wieder hinausgeht. Die dritte Figur hingegen gleicht in vielem den Menschen, die etwas, was sie hören, für sich behalten und in ihrem Herzen bewegen. Herr! Beurteile danach den Wert der Figuren. Wen wolltest du zu deinem Vertrauten? Den, der nichts bei sich behalten kann, den, dem deine Worte so viel bedeuten wie der vorüberstreichende Wind, oder den, der ein vertrauenswürdiger Hüter deiner Worte ist?"

Der Mensch hat dreierlei Wege, klug zu handeln: erstens durch Nachdenken – das ist der edelste; zweitens durch Nachahmen – das ist der leichteste; drittens durch Erfahrung, das ist der bitterste.
Konfuzius

Emotionale Verstümmelung, Aufgabe von Gefühlen und die Zuflucht im gefühlsmäßigen Nebel der chronischen Langeweile sind die Garanten dafür, keine Ausstrahlung, kein Charisma zu haben. Die psychologische Pest, die alle Industrienationen zu überziehen scheint, wird mit folgenden großen Wörtern beschrieben: Teilnahmslosigkeit, Entfremdung, Entpersönlichung, Sinnverlust. Sie bringen kunstvoll zum Ausdruck, dass uns die tödliche Gefahr droht, unsere Empfindungsfähigkeit einzubüßen.

Man kann die Hand eines Menschen kaufen, aber nicht sein Herz.
S. P. Lovey

Ihr Kommentar:

_____

_____

_____

_____

35. Brief eines alten kalifornischen Mönches

Könnte ich mein Leben nochmals leben, dann würde ich das nächste Mal versuchen, mehr Fehler zu machen. Ich würde mich entspannen, lockerer und humorvoller sein als dieses Mal.

Ich kenne nur sehr wenige Dinge, die ich ernst nehmen würde. Ich würde mehr verreisen und ein bisschen verrückter sein. Ich würde mehr Berge erklimmen, mehr Flüsse durchschwimmen und mir mehr Sonnenuntergänge anschauen. Ich würde mehr spazieren gehen und mir alles besser ansehen. Ich würde öfter ein Eis essen und weniger Bohnen.

Ich hätte mehr echte Schwierigkeiten und weniger eingebildete.

Müsste ich es noch einmal machen, ich würde einfach immer nur einen Augenblick nach dem anderen leben, anstatt jeden Tag schon viele Jahre im Voraus. Ich gehörte immer zu denen, die nie ohne Thermometer, Wärmflasche, Gurgelwasser, Regenmantel und Aspirin aus dem Hause gingen.

Könnte ich noch einmal von vorne anfangen, würde ich viel herumkommen, viele Dinge tun und mit wenig Gepäck reisen. Könnte ich mein Leben nochmals leben, würde ich im Frühjahr früher und im Herbst länger barfuß gehen. Ich würde öfter die Schule schwänzen. Ich würde mir nicht so hohe Stellungen erarbeiten – es sei denn, ich käme zufällig daran. Auf dem Rummelplatz würde ich viel mehr Fahrten machen, und ich würde mehr Gänseblümchen pflücken.

Die Tragik des Menschen liegt darin, dass er nicht im Stande ist, den Augenblick zu genießen. Wir träumen von einem fernen Rosengarten über dem Horizont, anstatt uns an den Rosen vor dem eigenen Fenster zu erfreuen.

Dale Carnegie

„Jeder stirbt mitten auf der Reise" – oder anders ausgedrückt: Akzeptieren Sie den engen Zusammenhang von Leben und Tod. Nehmen Sie das eigene Ende vorweg, und beweinen Sie es. Im Buddhismus riet man den Menschen, auf einem Friedhof zu meditieren, und christliche Gelehrte hatten häufig einen menschlichen Totenschädel auf ihrem Schreibtisch, der sie an die eigene Sterblichkeit erinnerte. Es handelt sich hierbei um Rituale, um nicht den Illusionen zu verfallen, die entstehen, wenn man sich weigert, die eigene Sterblichkeit anzuerkennen. Die traurig-freudige Weisheit besteht darin, das Unvermeidbare zu akzeptieren, um alles dafür tun zu können, mit uns selbst am Ende zufrieden zu sein.

Sehr wenige Menschen leben in der Gegenwart, sie bereiten sich darauf vor, demnächst zu leben.

Jonathan Smith

Ihr Kommentar:

_____

_____

_____

_____

36. Der Einsiedler

Eine alte Geschichte berichtet von einem Einsiedler. Der klagte oft, dass er so viel zu tun habe. Darüber wunderten sich die Leute, und sie fragten ihn, was denn das eigentlich wäre. Er erklärte es: „Ich habe zwei Falken zu zähmen, zwei Sperber abzurichten, zwei Hasen aufzuhalten, eine Schlange zu behüten, einen Esel zu beladen, Pferde zu satteln und einen Löwen zu bändigen."

„Nun ja", sagten die Leute, „das ist allerdings viel; da ist die Zeit ausgefüllt. Aber wo ist denn die ganze Menagerie? Wo sind die Tiere, von denen du da redest? Wir sehen doch nichts davon."

Da erzählte der Einsiedler auf eine Weise von diesen Tieren, dass sie ihn alle verstanden: „Die zwei Falken, das sind meine Augen, die sich auf alles stürzen, manchmal zu Stielaugen werden und sich dort festkrallen. Es ist oft schwierig, sie zu zähmen. Und die zwei Sperber? Diese Greifvögel? Das sind meine Hände, die zupacken. Und was sie einmal haben, das lassen sie nicht wieder los. Manchmal geraten sie auch außer Kontrolle. Und die zwei Hasen, die ich aufzuhalten habe? Manchmal schwierig genug – meine Füße, die mit mir auf und davon gehen, dahin und dorthin, Haken schlagen, mich unstet machen. Am schwersten ist die Schlange zu zähmen, die hinter dem Gehege meiner Zähne: meine Zunge. Und dann ist ein Esel zu beladen: mein Körper. Wie oft gleicht er seinem solchen Tier. Ist er überlastet, wehrt er sich, schlägt aus, macht nicht mehr mit, ist ‚störrisch wie ein Esel'. Und dabei brauche ich ihn.

Und dann gilt es noch einen Löwen zu bändigen. Vom Löwen sagt man, er sei der König der Tiere – so wie das Herz die Zentrale der Macht ist, Sitz für großen Mut, aber auch Keimzelle des Hasses und der Rache. Ich werde heute, obwohl mir niemand diese Menagerie ansieht, genug zu tun haben, mit ihr fertig zu werden."

Größe ist möglich, wenn die Fantasie wieder sich mit einem be-
schäftigt.

Jacob Burckhardt

Unser tägliches Leben, in dem wir wachen, handeln, stehen, reden,
schlafen und gehen, alles das ist so, wie es ist. Viele Menschen
erkennen das in ihrem täglichen Leben Verborgene nicht. Sie
halten das Leben für nichtig und gering, leben nur so vor sich hin,
sind nur durch externe Reize zu „befriedigen". Andere klagen über
ihr tägliches Leben, die Mühsal und suchen ihr Glück irgendwo
anders. Doch jeder ist im Grunde seines Wesens vollkommen und
makellos. Jeder Mensch ist ursprünglich so, dass er frei und gelöst
allzeit ein frohes Leben führen könnte.

Wer die Herzen anderer gewinnen will, muss erst Herr über das
eigene selbst sein.

Wen Tse

Ihr Kommentar:

_____

_____

_____

_____

Freundschaft & Partnerschaft

Sollte einer Ihrer Freunde ein Fest veranstalten, ohne Sie einzuladen, so würde Sie das nicht stören. Sollte aber einer Ihrer Freunde Sorgen haben und Ihnen nicht gestatten, sie zu teilen, so würde Sie das zutiefst verbittern. Freundschaft ist ein Begriff, der recht schnell benutzt wird, um eine Beziehung zu charakterisieren. Menschen, die sich in ihren Begriffen von der Freundschaft nicht höher schwingen können, als dass sie alle guten Bekannte für Freunde halten, denken, dass nichts gewöhnlicher in der Welt sei als die Freundschaft. Tatsache in unserer heutigen Gesellschaft ist aber doch, dass die meisten Menschen viele Bekannte und nur wenige Freunde besitzen. Wir müssen wieder lernen, die Kunst der Freundschaft zu erneuern. In der Sprache eines nordamerikanischen Indianervolkes wird übrigens Monotonie definiert als „Abwesenheit von Freunden" – interessant!

Freundschaften lassen uns unseren Kontakt zur Umwelt harmonischer gestalten und erlauben uns, uns in Gesellschaft wohl zu fühlen. Die Wörter Freund und frei haben übrigens sprachgeschichtlich betrachtet die gleiche Wurzel. Ein Aspekt von Freundschaft ist Freiheit. Sie gestattet es uns, uns in Gesellschaft eines Freundes ungezwungen und frei zu fühlen und zu wissen, dass wir alles sagen können, ohne auf der Hut sein zu müssen. Offenheit und Vertrauen bilden das Fundament. Freundschaft ist eine Seele in zwei Körpern.

37. Der Frosch und die Maus

Es war einmal ein Frosch und eine Maus, die sich heiß und innig liebten und für immer und ewig zusammenbleiben wollten.

Eines Tages sagte der Frosch: „Wir könnten doch eine unserer Pfoten zusammenbinden. Ich meine an deine und du deine an meine. Dann könnten wir alles zusammen tun und wären für immer und ewig zusammen. Ich könnte einen Seemannsknoten machen. Der hält wie Eisen auf Lebenszeit, dann kann uns nichts, aber auch nichts mehr trennen. Wie findest du das? Wäre das nicht toll?"

„Oh ja, ganz toll!", rief die Maus, denn sie hatte oft heimlich gefürchtet, der Frosch könnte ihr entspringen oder aus dem Teich nicht mehr zurückkommen, weil ihn ein Storch gefressen hat oder so etwas. Da knotete der Frosch einen Seemannsknoten. Dreifach und vierfach und fest wie Eisen.

Das Leben wurde etwas schwerer, denn der Frosch konnte nicht mehr in den Teich, und die Maus konnte nicht mehr in der Erde wühlen, obwohl sie doch eine Wühlmaus war.

Aber die heiße Liebe lässt einen alles ertragen, und so waren sie zusammen sehr glücklich. Für eine Weile. Denn bald merkte die Maus, dass sie die andere Pfote des Frosches oft mit den Augen nicht mehr sehen konnte, und in der Liebe möchte man alles, alles wissen, was der andere tut. „Wir könnten doch", sagte die Maus, „auch unsere anderen Pfoten zusammenbinden. Denn wir lieben uns doch! Oder nicht? Dann könnten wir alles, alles gemeinsam tun, das ist doch das größte Glück der Liebe."

„Empfinde ich ungefähr genauso", sagte der Frosch, und sie knoteten auch ihre anderen Pfoten zusammen. Genauso fest wie Eisen.

Aber jetzt konnten sie nicht mehr so gut laufen, verwechselten oft die Schritte. Manchmal lief einer zu schnell und der andere zu langsam oder umgekehrt.

„Hör mal", sagte die Maus, „wenn wir unsere Füße zusammenbinden würden, könnten wir auch unten alles, alles gemeinsam tun, findest du nicht? Das wäre doch super."

„Vielleicht erst mal einen", erwiderte der Frosch, denn er war nicht mehr ganz so sicher, ob sie das Richtige taten. Er schwamm gerne im Teich, sie aber buddelte gerne in der Erde. Er konnte jetzt das eine nicht mehr tun, und sie nicht das andere.

„Nein", sagte die Maus, „beide! Du liebst mich doch, oder?" „Ja, ja, natürlich liebe ich dich." Und so banden sie ihre beiden Beine zusammen. Genauso fest wie Eisen.

Aber das war nicht gut. Denn der Frosch konnte jetzt nie mehr schwimmen, und die Maus konnte nie mehr unter der Erde wühlen, obwohl sie doch eine Wühlmaus war. Er konnte keine Fliegen mehr fangen und sie keine Wurzeln mehr suchen. Und so führten sie ein armseliges Leben, bis sie starben. Und das war schon sehr bald.

Im Privatleben darf Freundschaft nicht zur Selbstaufgabe führen, denn sie wird niemals gedankt.

Alexander Solschenizyn

Können Sie der Tatsache ins Gesicht sehen, dass Sie gebunden sind? Nicht nur an einen Menschen, an eine Idee, an einen Glauben, sondern auch an eigene Erfahrungen. Die eigenen Erfahrungen sind es, die ein Gefühl von Lebendigkeit schenken. Durch das Bewusstsein, dass man gebunden ist, erkennt man auch die Konsequenzen der Bindung: Angst, Mangel an Freiheit, Eifersucht und dergleichen. Aber in der Bindung liegt auch ein Gefühl von Geborgenheit und Schutz. So kommt es, dass einer besitzt und der andere in Besitz genommen wird. Nur in Beziehungen, in denen keine Bindungen oder Ansprüche – die dauerhaft ihre Opfer fordern – vorhanden sind, kann es zu einer echten Gemeinschaft kommen.

Freundschaft ist immer eine angenehme Verantwortung, niemals eine günstige Gelegenheit.

Khalil Gibran

Ihr Kommentar:

_____

_____

_____

_____

38. Die Kuh und die Maus

Es war einmal eine Kuh, die stand gemütlich auf der Wiese und kaute so vor sich hin. Sie ließ sich durch nichts aus der Ruhe bringen. Plötzlich kam ihre Freundin, die Maus, angerannt und rief atemlos: „Kuh, Kuh, du musst mir unbedingt helfen. Die blöde Katze ist hinter mir her und will mich fressen. Was soll ich nur tun? Bitte hilf mir." „Kein Problem", muhte die Kuh. „Stell dich einfach hinter mich. Ich werde einen schönen Kuhfladen auf dich fallen lassen, dann kann dich die Katze nicht mehr finden und fressen." Gesagt, getan. Die Maus stellte sich hinter die Kuh, und die Kuh ließ einen dicken Fladen auf die Maus fallen, so dass diese ganz bedeckt war. Nur ein klitzekleines Stückchen vom Schwänzchen schaute noch raus. Da kam auch schon die Katze angerannt. Sie schlich um die Kuh herum. Erst rechts, dann links. Plötzlich sah die Katze dieses klitzekleine Stückchen von dem Mauseschwänzchen. Sie packte das Schwänzchen vorsichtig mit ihren Zähnen, schüttelte die Maus dreimal hin und her und fraß sie auf. Was ist die Moral von der Geschichte?

1. Nicht jeder, der auf dich scheißt, ist dein Feind.

2. Nicht jeder, der dich aus der Scheiße zieht, ist dein Freund.

3. Und wenn du schon in der Scheiße sitzt, dann zieh wenigstens den Schwanz ein!

Ein Hund ist der einzige Freund, den man für Geld kaufen kann.
Fritz Herdi

Dialog zwischen zwei Freunden: „Du Esel!" „Wahrscheinlich bin ich wirklich ein Esel. .... Ist bloß das Problem: bin ich ein Esel, weil ich dein Freund bin, oder bin ich dein Freund, weil ich ein Esel bin?"

Selbst von einem Feind kann der Mensch Weisheit lernen.
Aristophanes

Ihr Kommentar:

_____

_____

_____

_____

39. Was einmal verschüttet ist ...

Lin-Yu war sehr arm. Es gelang ihm kaum, das Notwendigste zu verdienen. Zwar hatte er viele Jahre lang studiert und besaß großes Wissen, doch vermochte er nicht, eine Anstellung zu finden. Meistens hatte er nur das Wasser, das Yün-Meng vom Brunnen holte, und etwas Reis. Oft fehlte auch dieser.

Lin-Yu hoffte. Er glaubte an sich. Yün-Meng aber war des Wartens müde. Sie bat ihren Gatten, sie freizugeben, damit sie eine andere Ehe schließen könnte. Lin-Yu sah sie lange an und schwieg. „Du müsstest nicht länger für mich sorgen", sagte Yün-Meng. „Das Wenige, das du mit mir teilen musst, bliebe für dich allein."

Lin-Yu liebte seine Gattin sehr. Er konnte sich nicht entschließen, sich von ihr zu trennen. Yün-Meng aber ließ nicht ab, um ihre Freiheit zu bitten. „Ich kann nicht länger warten, bis du endlich etwas erreichst. Willst du mich hindern, einen reichen Mann zu finden?"

Ihre Worte taten ihm weh. Doch willigte er schließlich in die Trennung ein. Es gelang ihm bald darauf, zu Ansehen und Reichtum zu kommen. Er fand eine ausgezeichnete Stellung und konnte seinen Besitz durch eine günstige Erbschaft vergrößern. Da kehrte Yün-Meng zurück und bat, er möge sie wieder als Gattin aufnehmen. Lin-Yu sah sie lange an und schwieg. „Ich bin noch immer arm und allein", sagte Yün-Meng. „Nimm mich wieder zu dir."

Er hieß sie, Wasser aus dem Krug auf den Boden gießen. Yün-Meng erfüllte diesen Wunsch. Nun befahl ihr Lin-Yu, das Wasser wieder zusammenzufassen.

„Wie soll ich das Wasser wieder aufnehmen", fragte Yün-Meng, „wenn ich es verschüttet habe?"

Lin-Yu nickte ...

Ein Band, welches zerrissen wird, kann wieder geknotet werden, aber es hält nicht mehr so wie vorher.

„Die Zeit, die du für deine Rose verloren hast, sie macht deine Rose so wichtig." „Die Zeit, die ich für meine Rose verloren habe ...", sagte der kleine Prinz, um es sich zu merken.

„Die Menschen haben diese Wahrheit vergessen. Du bist zeitlebens für das verantwortlich, was du dir vertraut gemacht hast. Du bist für deine Rose verantwortlich."

Der kleine Prinz

Ist eine Sache geschehen, dann rede nicht darüber, es ist schwer, verschüttetes Wasser wieder zu sammeln.

China

Ihr Kommentar:

_____

_____

_____

_____

40. Zeichen auf dem Weg

Ein Mann schickte seine beiden Söhne, Tambu und Rafiki, hinaus ins Grasland, um sich in den Dörfern umzusehen. Er gab ihnen den Auftrag: „Hinterlasst Zeichen auf eurem Weg!"

Die beiden Söhne gehorchten dem Vater und gingen hinaus ins Grasland. Nach wenigen Schritten schon begann Tambu, Zeichen auf seinen Weg zu machen. Er knüpfte einen Knoten ins hohe Grasbüschel, dann ging er ein Stück weiter und knickte einen Zweig von einem Busch. Dann knüpfte er wieder Knoten ins Grasbüschel. So war der ganze Weg, den er ging, voller Zeichen. Aber er zog sich von allen Menschen zurück und sprach mit niemandem.

Ganz anders verhielt sich sein Bruder Rafiki. Er machte keine Zeichen am Weg. Aber im ersten Dorf setzte er sich zu den Männern im großen Palaverhaus, hörte zu, aß und trank mit ihnen und erzählte aus seinem Leben. Im nächsten Dorf schloss Rafiki Kontakt mit einem Jungen, der ihn in seine Familie mitnahm, in die Dorfgemeinschaft einführte. Im dritten Dorf bekam Rafiki von einem Mädchen bei der sengenden Hitze einen kühlen Trunk angeboten und durfte das Dorffest mitfeiern.

Tambu bekam von alledem nichts mit; er hatte Arbeit mit seinen Grasbüscheln und geknickten Zweigen. Als die beiden Brüder nach ihrer Heimkehr dem Vater von ihren Erlebnissen erzählten, machte er sich mit ihnen auf denselben Weg. Überall wurde Rafiki mit seinem Vater herzlich aufgenommen – Tambu aber kannte kein Mensch.

„Ich verstehe nicht, warum mich keiner kennt", sagte Tambu, „alle sind zu Rafiki freundlich, der nichts anderes getan hat, als geguckt; kein einziges Grasbüschel hat er geknüpft und wird von allen gekannt und geehrt."

Da sagte der Vater: „Es gibt noch andere Zeichen als Grasbüschel, mein Kind: Das sind Zeichen, die ein Mensch in den Herzen anderer Menschen hinterlässt, wenn er zu ihnen geht, mit ihnen spricht und ihnen seine Freundschaft zeigt. Solche Zeichen in den Herzen der Menschen bleiben, wenn die Grasbüschel längst von Tieren gefressen oder vom Wind weggetragen sind."

Da sagte Tambu: „Ich will auch lernen, solche Zeichen auf meinem Weg zu hinterlassen wie Rafiki."

Ein Freund ist einer, der dich durchschaut und trotzdem nicht enttäuscht ist.

Gerhard Reichel

Die Fähigkeit, Netzwerke zu knüpfen, stellt den Engpass schlechthin dar, wenn es darum geht, ein Geschäft aufzubauen und zu pflegen. Im Kern bedeutet dies, die Gabe Smalltalk und Beziehungspflege zu lieben, um dadurch die Kunden zu Freunden zu machen.

Freunde erkennst du bei Gegenwind.

Tibet

Ihr Kommentar:

_____

_____

_____

_____

41. Benjamin

„Wohin willst du?", fragte der Vater. Benjamin hielt die Türklinke fest. „Raus", sagte er, „Wohin raus?", fragte der Vater. „Nur so", sagte Benjamin. „Um es klar auszusprechen", sagte der Vater, „ich will nicht, dass du mit diesem Josef herumziehst!" „Warum?", fragte Benjamin. „Weil er nicht gut für dich ist", sagte der Vater. Benjamin sah den Vater an. „Du weißt doch selbst, dass dieser Josef ein ... sagen wir, ein geistig zurückgebliebenes Kind ist", sagt der Vater. „Der Josef ist in Ordnung", sagte Benjamin. „Möglich", sagte der Vater. „Aber was kannst du schon von ihm lernen?" „Ich will doch nichts von ihm lernen", sagte Benjamin. „Man sollte von jedem, mit dem man umgeht, etwas lernen können", sagte der Vater. Benjamin ließ die Türklinke los. „Ich lerne von ihm, Schiffchen aus Papier zu falten", sagte er. „Das konntest du mit vier Jahren schon", sagte der Vater. „Ich hatte es wieder vergessen", sagte Benjamin. „Und sonst?" fragte der Vater. „Was macht ihr sonst?" „Wir laufen rum", sagte Benjamin. „Sehen uns alles an und so." „Kannst du das nicht auch mit anderen Kindern zusammen tun?" „Doch", sagte Benjamin. „Aber Josef sieht mehr", sagte er dann. „Was?" fragte der Vater. „Was sieht der Josef?" „So Zeugs", sagte Benjamin. „Blätter und so. Steine. Ganz tolle. Und er weiß, wo Katzen sind. Und sie kommen, wenn er ruft." „Hm", sagte der Vater, „pass mal auf: Es ist im Leben wichtig, dass man sich immer nach oben orientiert." „Was heißt das?", fragte Benjamin, „sich nach oben orientieren?" „Das heißt, dass man sich Freunde suchen soll, zu denen man aufblicken kann. Freunde, von denen man etwas lernen kann. Weil sie vielleicht ein bisschen klüger sind als man selbst."

Benjamin blieb lange still. „Aber", sagte er endlich, „wenn du meinst, dass der Josef dümmer ist als ich, dann ist es doch gut für Josef, dass er mich hat, nicht wahr?"

Willst du einen Freund gewinnen, sei selber einer.
Herbert Louis Samuel

Freundschaftsangebot

Nimm mir nicht den Mut –

nimm mir die Angst.

Nimm mich ruhig auseinander –

doch halte mich auch zusammen.

Nimm mich ganz für dich –

aber lass mich auch wieder gehen.

Nimm mich als mich –

Nicht als das, was du willst.

Ein Freund ist einer, vor dem ich laut denken darf.
Emerson

Ihr Kommentar:

_____

_____

_____

_____

42. Drachen gibt es nicht

Als Klein-Billy in Amerika eines Morgens erwachte, sah er einen ganz niedlichen Drachen auf seinem Bettende sitzen – so groß wie ein Kätzchen, mit Puff-Wölkchen und Ringelschwänzchen.

Voller Entzücken begann Billy mit ihm zu sprechen und ihn zu streicheln, dann lief er in die Küche zu seiner Mutter, um ihr voller Begeisterung mitzuteilen: „Mama, auf meinem Bett sitzt ein echter Drache!" „Es gibt keine Drachen", sagte Mutter, „geh und zieh dich an!" Billy ging nach oben und zog sich an, aber jetzt sprach er nicht mehr mit dem Tier, denn es gibt ja keine Drachen. Er beobachtete ihn aber ganz genau und sah, dass er schon so groß wie ein Hund geworden war.

Dann ging er zum Frühstück, und der Drache kam mit. Billy setzte sich an den Tisch, der Drache setzte sich auf den Tisch, und Mutter backte viele kleine Pfannkuchen. Den ersten Stapel verspeiste der Drache. Dann auch den zweiten. Und vom dritten ließ er nur einen kleinen Pfannkuchen übrig.

Billy sah den Drachen und Mutter an. Mutter sah den Drachen und Billy an. Beide sprachen kein Wort, bis Billy sagte: „Ich hatte sowieso keinen Hunger", und nach dem einen kleinen Pfannekuchen griff.

Derweil rutschte der Drache satt und zufrieden vom Tisch, legte sich in den Flur und begann zu schlafen. Als Billy vom Stuhl rutschte, sah er, wie der schlafende Drache wuchs und wuchs, und er konnte sich nicht verkneifen, zu Mutter zu sagen: „Ich wusste nicht, dass Drachen so schnell wachsen können." „Es gibt keine Drachen", sagte Mutter, „geh und wasch dir die Hände!"

Billy ging, und Mutter begann zu putzen. Im Flur, wo der Drache inzwischen so gewachsen war, dass er den ganzen Raum ausfüllte, musste sie zum Fenster aus- und einsteigen, um putzen zu können, was ziemlich umständlich war – aber, es gibt ja keine Drachen.

Der Drache wuchs und wuchs, zur Vorder- und Hintertür hinaus, bis das ganze Haus wie ein Schneckenhaus auf seinem Rücken saß. Als der Brotwagen vorbeikam, erwachte der Drachen von dem Duft des frischen Brots und begann hinterherzulaufen. Der Postbote, der einen Brief einwerfen wollte, radelte noch zwei Blocks hinterher, doch dann gab er auf.

Als der Vater abends nach Hause kam, erzählten die Nachbarn, was sie gesehen hatten, und er machte sich auf die Suche nach seinen Lieben. Spät abends fand er das Haus und den Drachen, der schlafend wie ein Berg dalag, er kletterte den Berg hoch und stieg zum Balkon in sein Haus ein, wo er seine Lieben unversehrt fand. „Was ist denn passiert?", fragte er. „Du, da war dieser Drache, und er ist ganz doll gewachsen", sagte Billy. „Es gibt keine Drachen", sagte Mutter heftig, so dass Billy zusammenzuckte. Doch dann fuhr sie nachdenklich fort: „Warum er wohl so gewachsen ist, das wüsste ich auch gern!"

Da strahlten Billys Augen, und er begann, mit dem Drachen zu sprechen und ihn zu streicheln. Er sprach zu ihm, bis er wieder klein wie ein Schnurrekätzchen wurde.

„Und warum ist er denn nun so gewachsen?", fragte Mutter. „Ich glaube", sagte Billy, „er brauchte einen Freund!"

Und wärest du dem ärmsten Bettler gleich, bleibt dir ein Freund, so bist du reich. Doch wer den nächsten Königsthron gewann und keinen Freund hat, ist ein armer Mann.

Friedrich von Bodenstedt

Die Magie des Traumes versagt am Tage oft, weil der beste Träumer die Außenwelt im Wachen wichtiger nimmt. Die „Ver-rückten" können das besser: sie erklären sich für den Kaiser und die Zelle für ihr Schloss und alles andere stimmt wunderbar. Ohne die Fähigkeit, die Außenwelt umzaubern zu können, wäre manche Kindheit trostlos verlaufen. Wer denkt nicht gerne an den zotte-

ligen Bären oder die geliebte Puppe, die in gewissen Lebensab-
schnitten oder Momenten die besten Freunde waren.

Ich weiß dir Dank dafür, dass du mich so hinnimmst, wie ich bin.
Was habe ich mit einem Freund zu tun, der mich wertet? Wenn
ich einen Hinkenden zu Tisch lade, bitte ich ihn, sich zu setzen
und verlange nicht von ihm, dass er tanze.
Brief an einen Ausgelieferten

Ihr Kommentar:

_____

_____

_____

_____

Führen & Steuern

Was motiviert Sie, eine Führungskraft zu sein – welchen persönlichen Nutzen haben Sie davon? Leben und handeln Sie nach moralischen Werten im Sinne von „walk the talk", oder zählt am Ende nur der Profit und die eigene Karriere? Besitzen Sie die Fähigkeit, gute Leistungen Ihrer Mitarbeiter angemessen zu loben, oder handeln Sie nach dem Grundsatz: „Wenn ich nichts sage, wissen die schon, dass es ganz in Ordnung ist, aber wehe, ich muss etwas sagen ..."? Sehen Sie über Ihren „Tellerrand" hinaus, indem Sie bemüht sind, firmeninterne Kunden-Lieferanten-Beziehungen durch entsprechende Entscheidungen und Verhaltensweisen wohlwollend zu fördern, oder sind Sie sich selbst der Nächste, indem nur „Ihre" Abteilung, „Ihr" Bereich zählt?

Wie alles Wichtige im Leben hat Führung ihre Quelle im Verstehen. Um sich heute der Führungsverantwortung – nicht nur in der Wirtschaft – würdig zu erweisen, muss man das Herz seiner Mitarbeiter kennen; denn wenn man nicht einen Sinn für menschliche Fragen hat, ein Gefühl für die Hoffnung und Wünsche derer, die man führt, und eine Fähigkeit zum Erkennen der Gefühlskräfte, die sie antreiben, dann werden die anvertrauten Aufgaben nicht bewältigt werden, gleichgültig, wie oft man die Löhne erhöht.

Die Arbeit einer Führungsperson gleicht der eines Gärtners, der verschiedene Pflanzen pflegt. Die eine Pflanze liebt den strahlenden Sonnenschein, die andere den kühlen Schatten; die eine liebt das Bachbett, die andere das Gebirge. Die eine gedeiht am besten auf sandigem Boden, die andere im fetten Lehm. Jede muss die ihrer Art angemessene Pflege haben. Anderenfalls bleibt ihre Vollendung unzufrieden.

43. Das Gleichnis vom Gastgeber und den Gästen

Eine Führungsperson ist wie ein Gastgeber in seinem eigenen Haus. Seine Gäste sind jene, die den Weg zu erlernen versuchen. Das sind Menschen, die noch nie in ihrem Leben in einem Haus waren und die nur vage Vorstellungen davon haben, wie ein Haus beschaffen sein mag. Nichtsdestoweniger existiert es. Wenn die Gäste das Haus betreten und den Ort entdecken, der zum Sitzen dienen soll, dann fragen sie: „Was ist das?" Man sagt ihnen: „Dies ist der Ort, an dem wir sitzen." Darauf setzen sie sich auf Stühle, nur vage der Funktion eines Stuhles bewusst.

Der Gastgeber bewirtet sie, aber sie stellen auch weiterhin Fragen, manche davon irrelevant. Als guter Gastgeber macht er ihnen deswegen keine Vorwürfe. Zum Beispiel möchten sie wissen, wo und wann sie denn essen werden. Sie wissen nicht, dass niemand allein ist und dass genau in diesem Augenblick andere Menschen dabei sind, das Essen zu kochen, und dass es noch einen anderen Raum gibt, in dem sie sich setzen und ein Mahl zu sich nehmen werden. Weil sie das Essen und die Vorbereitungen dazu nicht sehen können, sind sie manchmal verwirrt, vielleicht im Zweifel, manchmal fühlen sie sich auch unbehaglich. Der gute Gastgeber weiß um die Probleme seiner Gäste und muss ihnen die Befangenheit nehmen, damit sie das Essen genießen können, wenn es kommt. Zu Beginn sind sie keineswegs in der Lage, sich mit dem Essen zu befassen. Einige Gäste begreifen rascher und bringen den einen oder anderen Bestandteil des Hauses miteinander in Verbindung. Diese Menschen sind es, die sich ihren langsameren Freunden mitteilen können. Der Gastgeber antwortet in der Zwischenzeit jedem Gast entsprechend seiner Fähigkeit, die Einheit und die Funktion des Hauses wahrzunehmen.

Dass das Haus existiert, dass es vorbereitet wird, um Gäste zu empfangen, dass der Gastgeber zugegen ist – all dies reicht allein noch nicht aus. Jemand muss aktiv die Funktion des Gastgebers ausüben, damit sich die Fremden, die ja die Gäste sind und denen gegenüber der Gastgeber Verantwortung trägt, nach und nach an das Haus gewöhnen können. Zu Anfang sind sich viele von ihnen der Tatsache nicht bewusst, dass sie Gäste sind, oder vielmehr, was nun genau das Gast-Sein bedeutet: was sie dazu beitragen können, was es ihnen geben kann.

Der erfahrene Gast, der sich mit Häusern und Gastfreundschaft auskennt, fühlt sich schließlich in seinem Gast-Sein wohl und ist nun in der Lage, mehr über Häuser und über viele Aspekte des Lebens in ihnen zu verstehen. Solange er noch zu begreifen versucht, was ein Haus ist, oder solange er noch versucht, die Benimmregeln zu behalten, solange ist seine Aufmerksamkeit zu sehr von diesen Faktoren eingenommen, als dass er, sagen wir, auf Schönheit, Wert und Funktion der Möbel achten könnte.

Bevor du dich dran machst, die Welt zu verbessern, gehe dreimal durch dein eigenes Haus.

Chinesisches Sprichwort

Führungsperson zu sein, bedeutet nicht, der Spezialist für alle Fragen zu sein, sondern die Fähigkeit zu besitzen, die für die Aufgaben passenden Mitarbeiter auszuwählen, zu entwickeln und vor allem: sie zu halten. Die exzellentesten Mitarbeiter werden dann bleiben, wenn man ihr Herz gewonnen hat.

Lernen ist herausfinden, was du bereits weißt. Handeln ist zeigen, dass du es weißt. Führen ist andere wissen lassen, dass sie es genau so gut wissen, wie du selbst.

N. R. Bach

Ihr Kommentar:

_____

_____

_____

_____

Das Gleichnis vom Gastgeber und den Gästen

44. Der Fehler

Es war einmal in einem großen Unternehmen in Amerika, in welchem einer der besten Mitarbeiter, ein tüchtiger junger Mann, einen großen Fehler machte. Nach kurzer Zeit stellte sich heraus, dass dieser Fehler das Unternehmen mehrere hunderttausend Dollar kostete.

Niemand konnte verstehen, wieso gerade dieser Mann einen solchen Fehler gemacht hatte. Jeder schätzte ihn als zuverlässigen Kollegen; keiner bezweifelte, dass er alle Fähigkeiten besaß, um eines Tages höhere, vielleicht sogar die höchsten Aufgaben der Firma zu übernehmen. Da ihn alle, die mit ihm zu tun hatten, sehr gerne mochten, versuchten sie, seinen Fehler zu vertuschen. Sein direkter Vorgesetzter riet ihm, niemals darüber zu sprechen und sich Ausreden einfallen zu lassen, um den Verdacht von sich abzulenken. Er würde seinerseits schon dafür sorgen, dass die Geschäftsführung nichts von der ganzen Sache erfahren würde. Seine Kollegen kamen zu ihm und versicherten ihm, dass sie zu ihm halten und ihn nicht verraten würden. Er selber überlegte zu kündigen. Er konnte es doch nicht ohne Konsequenzen geschehen lassen, dass das Unternehmen, das er liebte, durch ihn auf eine solche Weise geschädigt wurde. Er kannte die Regeln des Geschäftslebens: Es zählt nur der Erfolg, und Fehler sind Misserfolge.

Es kam, wie es kommen musste: Irgendwie erfuhr der Leiter des Unternehmens, ein erfahrener und erfolgreicher Mann, von dem Fehler. Sofort bestellte er den Mitarbeiter persönlich zu sich.

Als dieser das Büro des Unternehmers betrat, blieb er vorsichtig in der Nähe der Tür stehen. Mit unbeweglicher Mine sah der Unternehmer ihn an und gab ihm ein Zeichen näher zu treten. Nur zögerlich folgte der Mitarbeiter. Seine Knie zitterten, und mit bewegter Stimme sagte er: „Sie erwarten meine Kündigung?"

Der Unternehmer schaute ihn lange und eindringlich an, und dann sagte er: „Sind Sie verrückt geworden? Wir haben gerade eine Million Dollar in Ihre Ausbildung investiert!"

Wenn du deine Türen vor jedem Irrtum verschließt, wird die Wahrheit ausgeschlossen bleiben.

R. Tagore

Das Menschsein beinhaltet nun einmal auch das Fehlsamsein. Dies bedeutet, dass man lernen muss, mit sich selbst als Fehlerquelle zu leben, wie auch mit den anderen und deren Fehlbarkeit. Selbstbegangene und erkannte Fehler sind lehrreicher als alles andere, denn Fehler sind Resultate. Wie heißt es im Volksmund: „Durch Schaden wird man klug!" Oder anders gesagt: „Durch Fehler kann Kennen zum Können werden." Voraussetzung dafür ist jedoch, dass man sich selbst erlaubt, Fehler zu machen beziehungsweise ungewünschte Resultate zu erzielen. Den größten Fehler im Leben macht der, der ständig fürchtet, Fehler zu machen.

Erfahrung ist nicht, was einem Menschen geschieht. Es ist, was ein Mensch damit anfängt, was ihm geschieht.

Aldous Huxley

Ihr Kommentar:

_____

_____

_____

_____

45. Das Badehaus

Vor langer Zeit besuchte Nasrudin ein türkisches Badehaus. Da er in Lumpen bekleidet war, behandelten ihn die Diener von oben herab. Sie gaben ihm ein schäbiges Badetuch und einen winzigen Rest Seife. Während des Badens wurde er keines Blickes gewürdigt. Beim Verlassen des Badehauses drückte er den verblüfften Bademeistern ein Goldstück in die Hand. Am nächsten Tag erschien er wieder, prächtig gekleidet, und wurde natürlich mit größter Aufmerksamkeit und Hochachtung behandelt. Er bekam ein mit Spitzen verziertes Badetuch und ein wohlriechendes großes Stück Seife. Jeder Wunsch wurde ihm von den Augen abgelesen. Nach dem Bade überreichte er den Bademeistern die kleinste Kupfermünze, die es gab. Verwundert schauten ihn die Bademeister an.

„Dies", sagte er, „ist für eure Bedienung beim letzten Mal. Die Goldmünze von gestern war für eure Behandlung bei diesem Mal".

Wer die Menschen behandelt, wie sie sind, macht sie schlechter. Wer die Menschen aber behandelt, wie sie sein könnten, macht sie besser.

Goethe

Kreatives Führen ermöglicht es zu erkennen, dass die formalen Vorstellungen, die man gewöhnlich von Raum und Zeit hat, nicht unbedingt auch auf dem weiteren Gebiet der wahren Wirklichkeit gültig sind. Mitarbeiter, die glauben, dass sie jetzt für vergangene Taten belohnt werden und in Zukunft die Früchte zukünftiger Handlungen ernten, werden etwas Besserem belehrt. Gerade im Servicebereich verdient jeder Kunde, egal, welche Kleidung er trägt, behandelt zu werden, wie ein König.

Werte kann man nicht lehren, nur vorleben.

Viktor E. Frankl

Ihr Kommentar:

_____

_____

_____

_____

46. Das Land der Narren

Es war einmal ein Mann, der sich verirrte und in das Land der Narren kam. Auf seinem Weg sah er die Leute, die voller Schrecken von einem Feld flohen, wo sie Weizen ernten wollten. „Im Feld ist ein Ungeheuer", erzählten sie ihm. Er blickte hinüber und sah, dass es eine Wassermelone war, die sie fürchteten. Er bot sich an, das „Ungeheuer" zu töten, schnitt die Frucht von ihrem Stil und machte sich sogleich daran, sie zu verspeisen. Jetzt bekamen die Leute vor ihm noch größere Angst, als sie vor der Melone gehabt hatten. Sie schrien: „Als nächstes wird er uns töten, wenn wir ihn nicht schnellstens loswerden" und jagten ihn mit Heugabeln davon.

Wieder verirrte sich eines Tages ein Mann ins Land der Narren, und auch er begegnete Leuten, die sich vor einem angeblichen Ungeheuer fürchteten. Aber statt ihnen seine Hilfe anzubieten, stimmte er ihnen zu, dass es sehr wohl gefährlich sei, stahl sich vorsichtig mit ihnen von dannen und gewann so ihr Vertrauen. Er lebte einige Zeit bei ihnen, bis er sie schließlich Schritt für Schritt jene einfachen Tatsachen lehren konnte, die sie befähigte, nicht nur ihre Angst vor der Wassermelone zu verlieren, sondern sie sogar gewinnbringend anzubauen.

Wenn du ein Schiff bauen willst, dann trommle nicht die Männer zusammen, um Holz zu beschaffen, Aufgaben zu vergeben und die Arbeiten einzuteilen, sondern lehre sie die Sehnsucht nach dem weiten endlosen Meer.

Antoine de Saint-Exupéry

Macht wird uns durch andere verliehen – sie gehört uns nicht! Sie wird uns anvertraut und beinhaltet große Verantwortung. Führen in der Privatwirtschaft bedeutet, ihren Angestellten die Herausforderung an das Unternehmen bewusst zu machen. Zeigen Sie ihnen, wie Sie Ihrer Verantwortung nachkommen und die Fähigkeiten und Ressourcen Ihrer Mitarbeiter sind Ihnen gewiss.

Ein weiterer Schritt auf dem Weg zu einem höheren Führungsstandard beinhaltet die Schulung der Feinwahrnehmung. Wahrzunehmen, wenn die Mitarbeitet überfordert werden, sowohl in Bezug auf die fachlichen Fähigkeiten, als auch mit dem Volumen an Arbeit. Der Spagat zwischen der Erreichung der Unternehmensziele und der optimalen Nutzung der Mitarbeiterressourcen erfordert Mut, ihre Macht innerhalb der Grenzen so einzusetzen, die ihren moralischen Werten vorgegeben ist.

Wir warten lebenslang auf den außergewöhnlichen Menschen, statt die gewöhnlichen neben uns in solche zu verwandeln.

Hans Urs von Balthasar

Ihr Kommentar:

_____

_____

_____

_____

47. Der Koch

Der Fürst hatte einen Koch, der für ihn einen Ochsen zerteilte. Er legte Hand an, drückte mit der Schulter, setzte den Fuß auf, stemmte das Knie an: ritsch! ratsch! – trennte sich die Haut, und zischend glitt das Messer durch die Fleischstücke. Alles ging wie im Takt eines Tanzliedes, und er traf immer genau die Gelenke.

Der Fürst sprach: „Ei, vortrefflich! Das nenn' ich Geschicklichkeit!" Der Koch legte das Messer beiseite und antwortete zum Fürsten gewandt: „Der *Sinn* ist's, was dein Diener liebt. Das ist mehr als Geschicklichkeit. Als ich anfing, Rinder zu zerlegen, da sah ich eben nur Rinder vor mir. Nach drei Jahren hatte ich's so weit gebracht, dass ich die Rinder nicht mehr ungeteilt vor mir sah. Heutzutage verlasse ich mich ganz auf den Geist und nicht mehr auf den Augenschein. Der Sinne Wissen hab ich aufgegeben und handle nur noch nach den Regungen des Geistes. Ich folge den natürlichen Linien nach, dringe ein in die großen Spalten und fahre den großen Höhlungen entlang. Ich verlasse mich auf die (anatomischen) Gesetze. Geschickt folge ich auch den kleinsten Zwischenräumen zwischen Muskeln und Sehnen, von den großen Gelenken ganz zu schweigen.

Ein guter Koch wechselt das Messer einmal im Jahr, weil er *schneidet*. Ein stümperhafter Koch muss das Messer alle Monate wechseln, weil er *hackt*. Ich habe mein Messer nun schon 19 Jahre lang und habe schon mehrere tausend Rinder zerlegt, und doch ist seine Schneide wie frisch geschliffen. Die Gelenke haben Zwischenräume; des Messers Schneide hat keine Dicke. Was aber keine Dicke hat, dringt in Zwischenräume ein – ungehindert, wie spielend, so dass die Klinge genug Platz hat. Darum habe ich das Messer nun schon 19 Jahre, und die Klinge ist wie frisch geschliffen. Und doch, so oft ich an eine Gelenkverbindung komme, sehe ich die Schwierigkeiten. Vorsichtig nehme ich mich in Acht, sehe zu, wo ich Halt machen muss, und gehe ganz langsam weiter und bewege das Messer kaum merklich – plötzlich ist es auseinander und fällt wie ein Erdenkloß zu Boden. Dann stehe ich da mit dem Messer in der Hand und blicke mich nach allen Seiten um. Ich zögere noch einen Augenblick befriedigt, dann reinige ich das Messer und tue es beiseite." Der Fürst sprach: „Vortrefflich! Ich habe die Worte eines Kochs gehört und habe die Pflege des Lebens gelernt."

Wer sich zu wichtig für kleinere Arbeiten hält, ist meist zu klein für wichtige Aufgaben.

Jacques Tati

Ein Schlächter, der sein Messer zu schonen versteht, weiß über die Wirksamkeit der Anpassung an die Gesetze der Natur, da er sich der anatomischen Struktur der Tiere fügen kann.

Ähnlich verhält es sich, will man eine gute Führungskraft sein. Wollen Sie die Bedürfnisse der Menschen, die Sie führen, und die Kunden, denen Sie dienen, wirklich verstehen, so müssen Sie persönlich auf sie eingehen, mit ihnen sprechen und vor allem richtig zuhören, damit Sie deren Erfahrungen teilen können. Wirkliches Zuhören lässt Sie Ihre Gesprächspartner in ihrer Ganzheit wahrnehmen, wenn Sie nicht nur Worte, sondern auch Stimme, Blick, Gestik und Mimik mit einbeziehen. Wer die Fähigkeit des aktiven Zuhörens besitzt, kann auch die Gedanken und Gefühle seines Gegenübers hören. Nur dann wissen Sie, was zu tun und wo der Hebel anzusetzen ist.

Lass deinen Willen nicht brüllen, wenn deine Macht nur flüstern kann.

Thomas Füller

Ihr Kommentar:

_____

_____

_____

_____

48. Interne Mitteilung

Vor einiger Zeit verabredete das Institut mit dem amerikanischen Partner, dass jedes Jahr ein Wettrudern auf dem Mississippi ausgetragen werden sollte. Die Strecke war auf 1000 Meilen festgelegt, das Wettkampfgerät war ein Achter mit Steuermann.

Beide Mannschaften trainierten hart und lang, um die größtmögliche Leistungsfähigkeit zu erreichen. Am Tage es ersten Wettkampfs waren beide Mannschaften topfit und hochmotiviert. Der amerikanische Partner gewann klar mit einer halben Meile Vorsprung.

Nach dieser Niederlage war das Institutsteam sehr niedergeschlagen, die Moral auf dem Tiefpunkt, die Motivation im Eimer. Das obere Management entschied sofort, dass der Grund für dieses Desaster unbedingt herausgefunden werden müsste. Unverzüglich wurde ein zehnköpfiges Projektteam eingesetzt, um das Problem zu untersuchen und geeignete Maßnahmen zu empfehlen.

Bereits nach einer Woche wurde übereinstimmend als Problem erkannt, dass beim amerikanischen Partner acht Leute ruderten und eine Person steuerte, während im Institutsteam eine Person ruderte und acht Leute steuerten. Das Management des Instituts engagierte daraufhin die renommierte Lean Consulting Gruppe „Zwei statt einem", um eine Studie über die Struktur des Institutsteams anfertigen zu lassen. Nach einigen Monaten, verbunden mit den Kosten in Millionenhöhe, kamen die Berater zu dem Schluss, dass zu viele steuerten, aber zu wenige ruderten.

Um einer Niederlage gegen den amerikanischen Partner im Folgejahr vorzubeugen, wurde die Teamstruktur des Instituts tief greifend geändert. Es gab jetzt vier Steuerleute, drei Ober-Steuerleute und einen Steuerdirektor. Das Leistungsbewertungs-System (LBS) wurde eingeführt, um jener Person, die das Boot rudern sollte, mehr Ansporn und Motivation zu geben. Sie sollte sich noch mehr anstrengen und ein Leistungsträger werden: „Wir müssen den Aufgabenbereich dieser Person erweitern und ihr mehr Verantwortung geben. Damit wird es gelingen.

Im darauf folgenden Jahr gewannen die Amerikaner mit einer Dreiviertelmeile Vorsprung. Das Institut entließ den Ruderer wegen schlechter Leistung, verkaufte die Ruder, stoppte die Investitionen in neues Gerät und die Entwicklung eines neuen Bootes. Der Lean Consulting Gruppe wurde eine lobende Anerkennung für ihre vorzügliche Arbeit ausgesprochen. Das eingesparte Geld wurde an das obere Management ausgeschüttet.

Täusche deine Vorgesetzten, aber nie deine Untergebenen.
Chinesisches Sprichwort

Zehn Tipps für Unternehmer:

1. Suche als Geschäftszweck nur etwas, was dir wirklich Spaß macht.

2. Misstraue den Banken, denn sie misstrauen auch dir.

3. Wenn du schon Geld borgen musst, leihe es dir von Eltern und Freunden.

4. Lass bei der Mittelbeschaffung die Fantasie sprießen – oft finden sich auch Mäzene.

5. Glaube daran, dass etwas, das dich total begeistert, auch andere begeistert.

6. Sei ehrlich, denn wer andere bescheißt, wird auch beschissen.

7. Schau dir die Menschen genau an, mit denen du Geschäfte machst.

8. Rechne dich nicht reich, indem du Zahlungseingänge mit Gewinn verwechselst.

9. Gib niemals auf, nutze Fehler zum Lernen.

10. Werde bei Erfolgen nicht euphorisch.

Ich habe drei Schätze, die ich behüte und bewahre: der erste ist Mitgefühl, der zweite Mäßigkeit, der dritte, anderen nicht voraus sein wollen. Von Mitgefühl kommt Mut; von Mäßigkeit kommt Großzügigkeit; von Demut kommt Führerschaft.

Laotse

Ihr Kommentar:

_____

_____

_____

_____

Team & Kooperation

Toll Ein Anderer Machts?; oder *Tolle Erfolge in der Arbeit Miteinander?* Zwei unterschiedliche Definitionen der vier Buchstaben. Meist gilt die erstere, wenn es darum geht, eine „fruchtbare" Zusammenarbeit, ein „Miteinander" zu leben. Aber auch die zweite genannte Definition ist möglich! Sicherlich mit Arbeit und Investitionen verbunden – vor allem dann, wenn jahrelange Beziehungen von Misstrauen und nicht nachvollziehbare Unternehmensentscheidungen, zumindest aus Sicht der Arbeitnehmer, die Regel waren. Erfolgreiche Teamarbeit, ein hoch gestecktes Ziel um in schlechten Zeiten und in Tiefkonjunkturphasen am Markt zu bestehen, möglichst mit Gewinn. Teamarbeit wird dann zum Erfolg, wenn es dem Unternehmen gelingt, eine Basis von gegenseitigem Vertrauen aufzubauen, klare Ziele zu vereinbaren und diese auch einzufordern – was nur dann möglich ist, wenn Rollen, Aufgaben und Kompetenzen geklärt sind.

Vertrauen wird auch aufgebaut, wenn die Arbeitnehmer merken, dass Team- bzw. Gruppenarbeit für sie zum Vorteil ist. Abbau von Monotonie, höhere Qualifikation, aber auch ein Miteinander mit den Kollegen. Die Arbeit fängt an, wieder Spaß zu machen. Vorhandene Ressourcen werden optimal genutzt, sowohl innerhalb eines Teams als auch hierarchieübergreifend – vorausgesetzt, Vorgesetzte leben vor, was sie von ihren Mitarbeitern erwarten. „Walk the talk!" – sonst bleiben Veränderungen nur eine Farce für die Mitarbeiter, gemäß dem Motto: „Warten wir, bis dieser Schauer vorüber ist, dann beschließt der Vorstand eh' etwas Neues."

Letzten Endes kann man alle wirtschaftlichen Vorgänge auf drei Worte reduzieren – Menschen, Produkte und Profite. Die Menschen stehen an erster Stelle, denn wenn man kein gutes Team und klare Spielregeln hat, kann man mit den beiden anderen nicht viel anfangen.

Kooperation auf einer höheren wirtschaftlichen Ebene sind Fusionen. Hierzu nur so viel:

Ein Huhn sitzt mit einem Schwein auf einer Bank. Beide genießen den Sonnenuntergang. Nach einiger Zeit des Schweigens sagt das Huhn zum Schwein: „Ich habe eine gute Idee, lass uns zusammenarbeiten. Wir fusionieren und erzeugen gemeinsam ham and eggs. Ich liefere die Eier, du den Schinken." Das Schwein bittet sich eine Bedenkzeit aus und grübelt lange nach. Schließlich meint es: „Im Prinzip eine gute Idee, aber dabei gehe ich ja drauf!" Da erwidert das Huhn: „Nun ja, das haben Fusionen nun mal so an sich."

49. Wieviel wiegt eine Schneeflocke?

Der erste Schnee war gefallen, und die Insel inmitten eines Sees war mit einer weichen, weißen Decke geschmückt, unter der alles Lebendige begraben schien. Doch aus einer winzigen Vertiefung im Astwerk der uralten Eiche zwitscherte ein feines Stimmchen. In der darauf folgenden Stille konnte man einen dunkelbraunen, weichgefederten Ball mit Ohren und Krallen beobachten, der sich langsam und würdevoll einige Zoll vorwärts schob aus dem Winternest im hohlen Kronengezweig. Die goldgeränderten Pupillen rollten hin und her: Die Eule dachte nach. Eine tiefe, rauhe Stimme grollte über die Schneelandschaft und wurde vom feinsten Piepsen beantwortet.

Wäre es nicht ein heiliger Baum der Druiden gewesen, so wäre dieses Gespräch wohl für immer vergessen, niemand hätte von der Offenbarung erfahren, die hier der sogenannten stummen Kreatur geschenkt worden war, lange bevor unsere Zeitrechnung begann. Wollen wir lauschen und von den Vögeln lernen? „Wie schwer wiegt eine Schneeflocke, Bruder Eule?" „Eine Schneeflocke wiegt nichts, gar nichts, was man messen oder wiegen kann, kleiner Zaunkönig!" „Wie kommt es dann dazu, dass ich gesehen habe, was ich gesehen habe an diesem Wintermorgen?" „Was hast du gesehen an diesem Wintermorgen, dass du mich aus meinem tiefsten Schlaf zu wecken wagst, kleiner Zaunkönig?"

„Als ich im tiefsten Schlaf in meinem kleinen Nest den Wintertraum träumte, da weckte mich eine winzige Schneeflocke auf und schmolz an meiner Brust. Draußen fiel ein leichter Schnee, und ich begann zu zählen. Erst waren es Tausende, dann Hunderttausende von Flocken, weise Eule, doch ich zählte weiter. Und als die einemillionsiebenhunderteinundvierzigtausendneunhundertvierundzwanzigste Schneeflocke niederfiel – nichts mehr als nichts, da brach der Zweig des Vogelbeerbaumes, in dem mein kleines Nest verborgen war, ab. Wie schwer ist nun das Gewicht einer einzigen Schneeflocke hier im Herzen des Waldes, Bruder Eule?"

Geschlagen im Gesprächswettbewerb zog sich die Eule stumm zurück. Noch heute hat keiner die Antwort auf die Frage des klugen Zaunkönigs gefunden. Aber jeder, der diese Geschichte hört und darüber nachsinnt, wird ein klein wenig mehr Mut in seinem Herzen finden, den Großen dieser Welt zu antworten. Und wenn die Mächtigen dieser Welt uns einreden wollen, wir wiegen nichts im Gleichgewicht der Weltmächte, so denken wir still an den Zaunkönig.

Wer alleine arbeitet, addiert. Wer zusammenarbeitet, multipliziert.
Unbekannt

Sich Teamarbeit zu nutze zu machen, um organisatorische Veränderungen zu begleiten, genügt alleine nicht. Es muss ein Gemeinschaftsgeist gebildet werden, damit das Ganze mehr wird als die Summe seiner Teile. Eine der größten Herausforderung bei Führungskräften oder Teamleitern besteht darin, den von jeder Person geleisteten Beitrag zum Erfolg als solchen anzuerkennen und zu würdigen.

Verbunden werden auch die Schwachen mächtig.
Friedrich Schiller

Ihr Kommentar:

---

50. Die frierenden Stachelschweine

Als ein unerwartet strenger Winter ins Land gezogen war und die meisten Tiere sich zum Winterschlaf zurückgezogen, suchte sich auch eine Gesellschaft von Stachelschweinen eine wärmende Höhle. Sie verschlossen den Eingang und drängten sich dicht aneinander, um sich gegen die Kälte zu schützen.

Doch nach einiger Zeit machten sie eine ärgerliche Feststellung: In der Enge der Behausung verletzten sie sich gegenseitig mit ihren Stacheln und mussten die angenehme Temperatur mit Schmerzen bezahlen. Auf den Rat der Ältesten hin suchten sie sich eine größere Höhle. Diese bot genügend Platz, um die Stacheln auszubreiten, hatte aber den Nachteil, dass die einzelnen Tiere jetzt die nachbarliche Wärme entbehren mussten. Sie froren ganz erbärmlich.

Man war gezwungen, eine neuerliche Versammlung abzuhalten, in der Folgendes beschlossen wurde: Jedes Mitglied der Stachelschweingesellschaft solle so weit von seinem Nachbarn entfernt sein, dass es den andern nicht verletze, aber doch wiederum gerade so nahe, dass es auch in den Genuss der Wärmeausstrahlung seines Artgenossen komme. Dieses Übereinkommen funktionierte, und der soziale Friede war wiederhergestellt.

Das Kunststück ist nicht, dass man mit dem Kopf durch die Wand rennt, sondern dass man mit den Augen die Tür findet.

Georg von Siemens

Vertrauensvorschuss ist wie ein Kredit mit Maximalzins – und der ist nötig, um in anhängigen Systemen eine Gewinner-Gewinner-Situation herstellen zu können. Zusammenarbeiten heißt nicht, sich lieben zu müssen, denn dies wäre eine Illusion, bedenkt man all die unterschiedlichen Persönlichkeiten innerhalb eines Teams. Gut zusammen zu arbeiten setzt voraus, klare Spielregeln zu haben, die eingehalten und eingefordert werden, um einen größtmöglichen Nutzen zu erzielen und Vertrauen aufzubauen.

Vertrauen ist eine Oase im Herzen, die von der Karawane des Denkens nie erreicht wird.

Khalil Gibran

Ihr Kommentar:

---

51. Das Dorf ohne Regeln

Die Leute im Dorf hatten die Regeln satt. Alles war vorgeschrieben, wann sie aufstehen, wann sie zur Arbeit gehen sollten, wann Sonntag war und wann Werktag. Den Schülern wurde vorgeschrieben, wann die Schule beginnt, dass sie ein Taschentuch bei sich tragen und zu Hause die Zähne putzen sollen. Es gab Regeln, wie man über die Straße geht, wie lange man am Abend duschen und wie lange man Klavier spielen durfte.

Es waren wirklich viele Vorschriften, und die Leute beschlossen: Von heute an gelten keine Regeln mehr. Das war schön. Die Schule war natürlich leer, weil alle Kinder baden gingen. Die Leute stellten ihre Stubentische auf die Straße, weil es dort so sonnig war. Die Jungen drehten die Stereoanlage auf und ließen sie 24 Stunden laufen. Als Peter aus dem Wasser stieg, fand er seine Hosen nicht mehr. Klaus hatte sie angezogen. „Es gibt keine Regeln mehr", rief er und sprang davon. Maja fand in ihrem Zimmer die kleine Esther vom oberen Stock. Sie war gerade dabei, Majas Lieblingspuppe zu operieren. „Was machst du da?" „Es gibt keine Regeln mehr", sagte Esther, packte Majas Puppen zusammen und ging davon. „Ich war in der Schule", sagte Bruno. „Lüg mich nicht an!" schrie der Vater. „Es gibt keine Regeln mehr", sagte Bruno, „also habe ich nicht gelogen." Als die Leute im Dorf einschlafen wollten, schmetterten die Lautsprecher noch immer. Viele fanden ihr Geld nicht mehr. Kinder schliefen dort, wo sie gerade waren. Auf der Straße hupten die Autos, die in die stehen gebliebenen Tische krachten. „Wo sind die Kinder?" „Wer hat meinen Stubentisch ruiniert?" „Wo ist mein Geld?" „Wo ist die Polizei?" Aber unter der Polizeinummer meldete sich niemand. Denn wenn es keine Regeln gibt, braucht man auch niemanden, der sie schützt. Noch in derselben Nacht begann einer, die Kirchenglocke zu läuten. Die Leute eilten zusammen, und einer rief: „So können wir nicht leben!" „Nein, so können wir nicht leben!" riefen alle zurück. „Wir müssen Regeln haben!" rief der eine. „Ja, wir wollen wieder

Regeln", riefen alle zurück. Und sie begannen, Regeln aufzustellen: Die Kinder sollen den Eltern gehorchen. Die Eltern sollen die Kinder lieben. Man darf einander nicht wehtun. Niemand darf dem anderen etwas wegnehmen. Man muss die Wahrheit sagen.

„Ja, diese Regeln wollen wir", sagten alle und gingen friedlich in ihre vier Wände zurück.

Ein Boot, das nicht angebunden ist, treibt mit dem Strom.

China

Eine Wirtschaft, die ihren Sinn – unter anderem Dienstleistungen an der Gesellschaft – verfehlt, entzieht sich ihre Existenzgrundlage, wie ein Herz, das nur sich selbst versorgt und nicht den Organismus, von dem es abhängt. Eine Grundlage hierfür sind Gesetze, Qualitätsstandards, Leitlinien, Verhaltensregeln, deren Nichteinhaltung bestraft wird – sei es von Vater Staat, von Vorgesetzten, von den Mitarbeitern oder von den Kunden.

Ebenso wie eine funktionierende Wirtschaft ihre Gesetze braucht, benötigen Teams und Menschen, die zusammenarbeiten, Spielregeln, die auch eingefordert werden, als Rahmen für den Erfolg. Denn wer keine Grenzen gesetzt bekommt, kann Richtig und Falsch und Erfolg und Misserfolg nicht unterscheiden.

In Wahrheit nutzt mir nicht, was mir alleine nutzt, sondern was den Mitmenschen, der Gemeinschaft, der Gesellschaft nutzt.

Carl Friedrich von Weizsäcker

Ihr Kommentar:

---

52. Anguruzuminabstafil

Vier Männer, ein Perser, ein Türke, ein Araber und ein Grieche standen auf einer Dorfstraße. Sie waren Reisegefährten, unterwegs zu einem fernen Ort. Gerade jetzt aber stritten sie sich, wie sie das einzige Geldstück, das sie noch besaßen, ausgeben sollten.

„Ich möchte *angur* kaufen", sagte der Perser.

„Ich will *uzum*", meinte der Türke.

„Nein, ich will *inab*", sagte der Araber.

„Ach was!" sagte der Grieche, „wir sollten *stafil* kaufen."

Ein anderer Reisender, ein Sprachexperte, der gerade vorüberkam, sprach sie an: „Gebt mir die Münze. Ich werde einen Weg finden, euer aller Wünsche zu befriedigen."

Zuerst wollten sie ihm nicht trauen, aber schließlich gaben sie ihm die Münze. Er ging zum Stand eines Obsthändlers und kaufte vier kleine Büschel Weintrauben.

„Da ist ja mein *angur*", sagte der Perser.

„Das ist doch genau das, was ich *uzum* nenne", rief der Türke aus.

„Sie haben mir *inab* gebracht", sagte der Araber.

„Ach was!" meinte der Grieche, „in meiner Sprache heißt das *stafil*."

Die Männer teilten sich die Weintrauben, und jeder erkannte, dass der ganze Streit nur auf seinem Missverstehen der Sprache der anderen beruhte.

Lieber Gott hilf mir, mein großes Maul zu halten, wenigstens so lange, bis ich genau weiß, über was ich rede.

Tafel in einem Sitzungssaal

Die „Reisenden" sind die gewöhnlichen Menschen dieser Welt, und sie wissen, was sie wollen, denn sie verspüren den gleichen inneren Drang. Sie mögen ihm verschiedene Namen geben, und doch ist es das Gleiche.

Alle Trauben kann man zu einem Saft zusammenpressen: Den Wein der Kommunikation.

Wenn die Zahl derer, die mitzureden haben, ins Unermessliche steigt, dann hören die auf zu reden, die etwas zu sagen haben.

Ihr Kommentar:

_____

_____

_____

_____

53. Das Band der Eintracht

Ein Vater hatte sieben Söhne, die öfter miteinander uneins waren. Über dem Zanken und Streiten versäumten sie die Arbeit. Ja, einige böse Menschen hatten im Sinne, diese Uneinigkeiten zu benutzen, um die Söhne nach dem Tode des Vaters um ihr Erbteil zu bringen. Da ließ der alte Mann alle sieben Söhne zusammenkommen, legte ihnen sieben Stäbe vor, die fest zusammengebunden waren, und sagte: „Dem von euch, der dieses Bündel Stäbe zerbricht, zahle ich hundert große Taler." Einer nach dem anderen strengte alle seine Kräfte an, und jeder sagte nach langem vergeblichen Bemühen: „Es ist mir nicht möglich!" „Und doch", sagte der Vater, „ist nichts leichter!" Er löste das Bündel auf und zerbrach einen Stab nach dem anderen mit geringer Mühe. „Ei", riefen die Söhne, „so ist es freilich leicht, so könnte es ein kleiner Knabe!"

Der Vater aber sprach: „Wie es mit diesen Stäben ist, so ist es mit euch, meine Söhne. Solange ihr fest zusammenhaltet, werde ihr bestehen, und niemand wird euch überwältigen können. Wird aber das Band der Eintracht, das euch verbinden soll, aufgelöst, so geht es euch wie den Stäben, die hier zerbrochen auf dem Boden herumliegen."

Wir haben gelernt, wie Vögel zu fliegen, wie die Fische zu schwimmen; doch wir haben eine einfache Kunst verlernt, wie Brüder zu leben.

Martin Luther King

Folgende Worte benutzte J.F. Kennedy in einer bewegenden Rede: „Wenn wir uns einig sind, gibt es wenig, was wir nicht tun können. Wenn wir uneins sind, gibt es wenig was wir tun können."

Und – wer immer noch nichts von Kooperation hält, der schaue, was mit einem Wagen passiert, der ein Rad verliert.

Zusammenkommen ist ein Anfang. Zusammenhalten ist Fortschritt. Zusammenarbeiten ist Erfolg.

Henry Ford

Ihr Kommentar:

_____

_____

_____

_____

54. Die Offiziers-Story

Befehl des Obersten an den Dienst tuenden Offizier: Morgen abend gegen 20 Uhr ist von hier aus der Halleysche Komet sichtbar. Dieses Ereignis tritt nur alle 75 Jahre ein. Veranlassen Sie, dass sich die Leute auf dem Kasernenplatz in Drillichanzügen einfinden. Ich werde ihnen dann diese seltene Erscheinung erklären. Wenn es regnet, sollen sich die Leute im Kasernenkino einfinden. Ich werde ihnen dann Filme dieser Erscheinung zeigen. *Befehl des Dienst tuenden Offiziers an seine Kompaniechefs:* Auf Befehl des Herrn Obersten wird morgen um 20 Uhr der Halleysche Komet hier erscheinen. Lassen Sie die Leute bei Regen in Drillichanzügen antreten, und marschieren Sie zum Kino, wo diese seltene Erscheinung stattfinden wird, die nur alle 75 Jahre eintritt. *Befehl eines Kompaniechefs an seine Leutnants:* Auf Befehl des Herrn Oberst ist morgen um 20 Uhr Dienst im Drillichanzug. Der berühmte Halleysche Komet wird im Kino erscheinen. Falls es regnet, wird der Herr Oberst einen anderen Befehl erteilen, etwas, das nur alle 75 Jahre eintritt. *Befehl eines Leutnant an seine Feldwebel:* Morgen um 20 Uhr wird der Herr Oberst im Kino mit dem Halleyschen Kometen auftreten. Dieses Ereignis tritt nur alle 75 Jahre ein. Falls es regnet, wird der Herr Oberst dem Kometen die Anweisung geben, hier bei uns zu erschienen. *Befehl eines Feldwebels an seine Unteroffiziere:* Wenn es morgen um 20 Uhr regnet, wird der berühmte 75 Jahre alte General Halley im Drillichanzug und in Begleitung des Herrn Obersten seinen Kometen durch unser Kasernenkino fahren lassen. *Befehl eines Unteroffiziers an seine Mannschaften:* Stillgestanden! Wenn es morgen um 20 Uhr regnet, wird der 75-jährige General Halley in Begleitung des Herrn Oberst einen Kometen fahren lassen. Ich bitte mir respektvolles Benehmen aus. Weggetreten!

Gesegnet seien jene, die nichts zu sagen haben und den Mund halten.

Oscar Wilde

So viel zum Thema „Klare Kommunikation" als Grundlage für Spitzenteams:

„Der Arbeitgeber muss bei einem Gespräch mit dem Arbeitnehmer damit rechnen, dass der Arbeitnehmer rechtsgeschäftliche Erklärungen abgibt. Der Arbeitgeber kann sich nicht darauf berufen, dass er die Kündigung infolge Schwerhörigkeit nicht verstanden habe und die Erklärung daher nicht zugegangen sei, wenn der Arbeitnehmer die Schwerhörigkeit nicht kannte und auf Grund des Verhaltens des Arbeitgebers davon ausgehen musste, dass dieser verstanden hat." (Landesarbeitsgericht Baden-Württemberg 1980-8Sa 9/80)

Das erste Kamel einer Karawane hält alle auf; das letzte erhält die Prügel.

Äthiopisch

Ihr Kommentar:

_____

_____

_____

_____

Konflikte & Lösungen

„Hurra, ein Konflikt!" – sagen wohl die wenigsten. Dabei ist der erste Schritt zur Konfliktlösung der, überhaupt wahrzunehmen, dass etwas im Argen liegt. Probleme, die uns nicht bewusst sind, existieren für uns nicht. Erst dem gegenüber, das uns bewusst ist, verlieren wir die Gleichgültigkeit.

Haben wir einen Konflikt erkannt, was nun? Da sich, wie Einstein schon bemerkte, Konflikte nicht mit der Denke lösen lassen, mit der sie entstanden sind, ja, Konflikte zuweilen deswegen Konflikte sind, weil sich die Beteiligten nach „Mehr-desselben-Prinzips" verhalten, sind Wissen und Fähigkeiten darüber gefragt, wie man mit Hilfe neuer Lösungen verfahrene Situationen wieder in Gang bringen kann. Konflikte können vor allem dann entstehen, wenn man glaubt, dass andere genau dieselbe Denke und dasselbe Verständnis von den Dingen haben wie man selbst. Allerdings gibt es so viele verschiedene „Denken", wie es Menschen gibt. Die Herausforderung, um zu einer Lösung zu kommen, besteht darin, sich „in die Schuhe" des anderen zu versetzen, um dessen Perspektive zu verstehen. Unter der Vorannahme, dass es kein Richtig oder Falsch gibt, sondern nur mehr oder weniger nützlich in einem bestehenden Kontext, brauche ich nicht meine Sichtweise zu verteidigen. Meine Perspektive ist lediglich eine unter vielen, und ich kann neugierig sein, was ich dazulernen kann. Wenn zwei Menschen immer wieder die gleichen Sichtweisen haben, ist einer von ihnen überflüssig! Hinzu kommt, dass das, was uns an anderen Menschen aufregt, Spiegelungen dessen sind, was man selbst unterdrückt und bei sich ablehnt. Wie wäre es mit dem Gedanken, dass die Menschen, die uns am meisten aufregen, unsere besten Lehrmeister sind? Also doch: „Hurra, ein Konflikt!"

55. Die zwei Mönche

Zwei Zen-Mönche überquerten einen breiten Fluss. Sie trafen eine sehr junge und schöne Frau, die ebenfalls den Fluss überqueren wollte, sich jedoch vor dem Wasser fürchtete. So hob der eine Mönch sie auf seine Schultern und trug sie zum anderen Ufer.

Da packte den anderen Mönch die Wut. Er sagte kein Wort, aber innerlich kochte er. Das war verboten! Ein buddhistischer Mönch durfte doch keine Frau berühren, und sein Gefährte hatte diese Frau nicht nur berührt, er hatte sie sogar auf seinen Schultern getragen!

Nach Meilen, als sie das Kloster erreichten und durch das Tor traten, wandte sich der erboste Mönch dem anderen zu und sprach: „Hör zu, ich werde mit dem Meister darüber sprechen müssen, ich werde es ihm melden müssen. Es ist verboten!"

Der erste Mönch entgegnete: „Worüber redest du? Was ist verboten?"

„Hast du vergessen?" fragte der andere. „Du hast die junge, schöne Frau auf deinen Schultern getragen!"

Da lachte der erste Mönch und sprach: „Ja, das habe ich. Aber ich habe sie am Fluss abgesetzt, viele Meilen weit zurück. Trägst du sie etwa immer noch?"

Man muss den Punkt kennen, bis zu dem man zurückweichen darf.
Ernst Jünger

Das, was wir bei anderen Menschen ablehnen, sind Anteile, die wir auch besitzen, aber uns nicht zugestehen. Urteile über andere sind Spiegelungen dessen, was wir in uns unterdrücken. Der Schatten in uns wird nach C.G. Jung jedoch nicht als negativer Teil der eigenen Struktur akzeptiert, sondern nach außen projiziert. Statt als „eigenes Drinnen" wird er als „fremdes Draußen" bekämpft und ausgerottet. Nicht nur Ketzerverbrennungen und Kreuzzüge nahmen so ihren Anfang.

Menschliche Beziehungen dienen dazu, sich selbst zu erkennen, nicht, um mit sich selbst zufrieden zu sein. Menschen, besonders wirkliche Freunde, sind Spiegel, in denen wir uns selbst entdecken.

H. F. Weekly

Ihr Kommentar:

_____

_____

_____

_____

56. Balduin Brummsel

Der Käfer Balduin Brummsel und seine Frau Susummse Brummsel hatten sich zur Nachtruhe im Kelch einer Tulpe niedergelassen. Es war eine rote Tulpe; denn andersfarbige Tulpen und besonders gelbe konnten Frau Susummse Brummsels Nerven nicht vertragen. An sich schien das eben belanglos, denn es war dunkel geworden, und man konnte von Farben nicht mehr viel sehen. Aber es war nichts belanglos, was Frau Susummse Brummsel betraf.

Balduin Brummsel hatte seine sechs Beine unter dem Leib gesammelt und beschloss einzuschlafen.

„Balduin", sagte Frau Susummse Brummsel, „es ist sehr dunkel geworden. Weißt du es auch bestimmt, dass es eine rote Tulpe ist, in der wir nächtigen?" „Ja, es ist eine rote Tulpe", sagte Balduin Brummsel. „Du weißt es doch, dass meine Nerven es nicht vertragen, in einer gelben Tulpe zu schlafen?" sagte Frau Susummse Brummsel. „Ja, ich weiß es", sagte Balduin Brummsel. „Gelbe Tulpen sind abscheulich, warum gibt es überhaupt gelbe Tulpen?" fragte Frau Susummse Brummsel. „Ich weiß es nicht", sagte Balduin Brummsel.

Pause. Balduin Brummsel war nahe am Einschlafen. „Balduin", sagte Frau Susummse Brummsel, „Balduin, weißt du es auch gewiss, dass die Tulpe sich geschlossen hat, so das wir gesichert schlafen können?" „Ja, ich weiß es", sagte Balduin Brummsel. „Balduin", sagte Frau Susummse Brummsel, „willst du nicht lieber noch einmal nachsehen, ob die Tulpe sich wirklich geschlossen hat?" Balduin Brummsel kroch nach oben und kroch wieder nach unten. „Ja, die Tulpe ist geschlossen", sagte er, sammelte seine sechs Beine unter dem Leibe und beschloss einzuschlafen.

Pause. „Balduin", sagte Frau Susummse Brummsel, „hast du es bemerkt, dass die Hummel Barbara Blütenbär einen dicken Pelz trug, obwohl es ein ganz heißer Tag war?" „Ja, ich habe es bemerkt", sagte Balduin Brummsel. „Ist es nicht ein Unsinn, einen dicken Pelz zu tragen, wenn es ein so heißer Tag ist?" sagte Frau Susummse Brummsel und machte eine predigende Bewegung mit den Fühlern, „warum trägt diese dumme Hummel bloß einen dicken Pelz?" „Ich weiß es nicht", sagte Baludin Brummsel. „Balduin, glaubst du, dass solch ein dicker Pelz mir stehen würde?" fragte Frau Susummse Brummsel. „Es kann sein, ich weiß es nicht", sagte Balduin Brummsel.

Pause. Balduin Brummsel war nahe am Einschlafen. „Balduin", sagte Frau Susummse Brummsel, „du weißt es doch bestimmt, dass die Tulpe sich geschlossen hat?" „Ja, ich weiß es", sagte Balduin Brummsel. „Balduin", sagte Frau Susummse Brummsel, „sieh doch lieber noch einmal nach, ob die Tulpe sich wirklich geschlossen hat!" Balduin Brummsel kroch nach oben und kroch wieder nach unten. „Ja, die Tulpe ist geschlossen", sagte er, sammelte seine sechs Beine unter dem Leibe und beschloss einzuschlafen.

Pause. „Balduin", sagte Frau Susumme Brummsel, „hast du es bemerkt, dass die Biene Melitta Emsig bloß einen leichten Pullover trug, obwohl es doch ein kühler Tag war?" „Ja, ich habe es bemerkt", sagte Balduin Brummsel „aber sagtest du nicht eben, dass es ein sehr heißer Tag gewesen wäre?" „Wie kann ich sagen, dass es ein heißer Tag war, wenn es ein ganz kühler Tag gewesen ist?" sagte Frau Susummse Brummsel und machte eine predigende Bewegung mit den Fühlern, „ist es nicht ein Unsinn, bloß einen leichten Pullover zu tragen, wenn es ein so kühler Tag ist? Warum trägt diese dumme Biene bloß einen so leichten Pullover?" „Ich weiß es nicht", sagte Balduin Brummsel. „Balduin, glaubst du, dass solch ein leichter Pullover mir stehen würde?" fragte Frau Susummse Brummsel. „Es kann sein, ich weiß es nicht", sagte Balduin Brummsel.

Pause. Balduin Brummsel war nahe am Einschlafen. „Balduin", sagte Frau Susummse Brummsel, „die Tulpe wird sich am Ende doch nicht wieder geöffnet haben?" „Nein, das wird sie nicht", sagte Balduin Brummsel. „Balduin", sagte Frau Susummse Brummsel, „sieh doch lieber noch einmal nach, ob die Tulpe sich nicht am Ende doch wieder geöffnet hat!" Balduin Brummsel kroch nach oben und kroch wieder nach unten. „Nein, die Tulpe hat sich nicht weiter geöffnet", sagte er, sammelte seine sechs Beine unter dem Leibe und beschloss einzuschlafen.

Pause. „Balduin", sagte Frau Susummse Brummsel, „warum frisst dein Vetter, der Maikäfer Zacharias Zange, so viele Blätter an einem Tage?" „Ich weiß es nicht, wahrscheinlich hat er Appetit", sagte Balduin Brummsel. „Balduin", sagte Frau Susummse Brummsel und machte eine predigende Bewegung mit den Fühlern „du musst das wissen, Balduin, es ist doch eine Familienangelegenheit, und ich finde, es ist peinlich, Verwandte zu haben, die so unmäßig fressen." Balduin Brummsel überkam eine tiefe Erschöpfung. „Balduin", sagte Frau Susummse Brummsel, „glaubst du vielleicht, dass es mir bekommen würde, wenn ich so viel fressen würde wie dein Vetter Zacharias Zange?" „Es kann sein, ich weiß es nicht", sagte Balduin Brummsel.

Pause. Balduin Brummsel war nahe am Einschlafen. „Balduin", sagte Frau Susummse Brummsel, „du weißt es doch ganz gewiss, dass die Tulpe sich nicht am Ende weiter geöffnet hat?" „Ja, ich weiß es", sagte Balduin Brummsel. „Balduin", sagte Frau Susummse Brummsel, „willst du nicht lieber doch noch einmal nachsehen, ob die Tulpe sich nicht ..."

„Nein, das werde ich nicht tun", schrie Balduin Brummsel, „ich weiß es genau, dass die Tulpe sich nicht wieder geöffnet hat, denn sie hatte sich gar nicht geschlossen. Es ist auch gar keine rote Tulpe, sondern eine ganz gelbe. Ein dicker Pelz und ein leichter Pullover würden dir nicht stehen, und wenn du so viel fressen würdest wie Zacharias Zange, so würdest du noch mehr fragen, als du es jetzt schon tust!" Stille. Balduin Brummsel schlief diese Nacht, zum ersten Mal in seiner Ehe, ausgezeichnet. Frau Susummse Brummsel tat, zum ersten Mal in ihrer Ehe, kein Auge zu. Sie schwieg zwar, auch zum ersten Mal in ihrer Ehe, aber sie machte die ganze Nacht unaufhörlich und ohne eine einzige Pause predigende Bewegungen mit den Fühlern.

Die Ehe ist in vielen Fällen lebenslängliche Doppelhaft ohne Bewährungsfrist und Strafaufschub, verschärft durch Fasten und gemeinsames Lager.

Jean-Paul Sartre

Besser sich zanken, als alleine zu sein, könnte das Motto dieser Ehe lauten. Es scheint, als seien die meisten Ehen mit einer Bühne vergleichbar, auf der jeden Tag das gleiche Stück gespielt wird, und man sich im Finale einander verzeiht, sich gegenseitig geheiratet zu haben, denn Reibungspunkte sind auch Berührungspunkte.

„Ehefrauen, die ihre Männer erschießen, haben keinen Anspruch auf Witwenrente."

Urteilsspruch des Bundessozialgerichts

Ihr Kommentar:

_____

_____

_____

_____

57. Der Ring

Ein großer König, der viele Weise um sich hatte, fühlte sich müde von seinem Reichtum. Und ein benachbartes Land, ein Land, das mächtiger war als das seine, plante einen Angriff auf sein Reich. Der König fürchtete sich vor dem Tode, vor der Niederlage, vor der Verzweiflung und vor dem Altwerden. Also rief er seine Weisen zusammen und sprach zu ihnen: „Ich weiß nicht warum, aber ich muss einen gewissen Ring finden ... einen, der mich fröhlich macht, wenn ich unglücklich bin. Gleichzeitig soll er mich aber, wenn ich glücklich bin und ihn anschaue, auch traurig machen."

Die Weisen berieten sich, kamen aber zu keinem Ergebnis. Schließlich gingen sie zu einem Sufi-Mystiker und erbaten seinen Rat. Der Sufi zog sich einen Ring vom Finger und gab ihn den Weisen mit den Worten: „Ich gebe ihn euch unter einer Bedingung. Gebt ihn dem König, aber sagt ihm, dass er nur dann unter den Edelstein schauen darf, wenn alles verloren, die Verwirrung total, der Schmerz unerträglich und er selbst vollkommen hilflos ist. Andernfalls wird er die Botschaft nicht verstehen."

Der König hielt sich daran. Sein Land war verloren, er floh aus dem Reich, nur um sein Leben zu retten. Der Feind folgte, er konnte die Pferde hören ... und sein eigenes Pferd starb, und er rannte zu Fuß weiter ... und geriet in eine Sackgasse. Vor ihm lag nur der Abgrund.

Im letzten Augenblick erinnerte er sich an den Ring. Er öffnete ihn, schaute hinter den Stein, und da war die Botschaft. Sie lautete: „Auch das geht vorüber."

Jedermann nimmt die Grenzen seines Horizonts für die Grenzen der Welt.

Arthur Schopenhauer

Es ist, wie es ist. Es gibt Begebenheiten in unserem Leben, bei denen wir nicht in der Lage sind, sie zu ändern. Doch die innere

Einstellung, die den Dingen Macht über uns gibt oder nicht, lässt sich sehr wohl ändern. Jeder Einzelne hat die Macht zu entscheiden, ob er den Weg des Opfers oder den des Akteurs wählt. Und wie immer man sich auch entscheidet: Auch das geht vorüber.

Wo das Denken still geworden ist, bekommt die Wahrheit ihre Chance, im Schweigen gehört zu werden.

Ihr Kommentar:

_____

_____

_____

_____

58. Verständnis

Eines Tages kam ein alter Bauer zu Gott und sagte: „Schau, du magst Gott sein, und du magst die Welt erschaffen haben, aber eines muss ich dir sagen: Ein Bauer bist du nicht. Du kennst nicht einmal das ABC des Ackerbaus. Da kannst du noch einiges lernen."

Gott fragte: „Was ist dein Rat?" Der Bauer sagte: „Gib mir ein Jahr Zeit, und lass die Dinge so geschehen, wie ich es sage. Warte ab, was passiert. – Es wird keine Armut mehr geben!"

Gott willigte ein, und so bekam der Bauer ein Jahr. Natürlich bestelle er nur das Beste und dachte nur ans Beste – keinen Donner, keine starken Wind, keine Gefahren für die Ernte. Alles angenehm, behaglich, und er war sehr froh. Der Weizen wuchs so hoch!

Wenn er Sonne haben wollte, schien die Sonne, wenn er Regen wollte, gab es Regen, so viel er nur wollte. In diesem Jahr lief alles richtig, mathematisch richtig. Der Weizen wuchs so hoch ...

Der Bauer ging oft zu Gott und sagte: „Schau! Diesmal wird die Ernte so ausfallen, dass es für zehn Jahre, selbst wenn die Leute nicht arbeiten, genug zu essen geben wird." Aber als die Ähren eingefahren wurden, war kein Weizen darin. Der Bauer war überrascht. Er fragte Gott: „Was ist passiert? Was ist schief gegangen?"

Gott sagte: „Weil es keine Widrigkeiten gab, weil du alles vermieden hast, was schlecht ist, blieb der Weizen unfruchtbar. Ein bisschen Auseinandersetzung gehört dazu. Stürme gehören dazu, und auch Donner und Blitzschlag sind nötig. Sie rütteln im Weizen die Seele wach."

Unsere Bestimmung ist, die Gegensätze richtig zu erkennen, erstens nämlich als Gegensätze, dann aber als Pole einer Einheit.

Hermann Hesse

Konflikte sind die Geschenke des Lebens, damit wir wachsen können. Im Elfenbeinturm geschieht keine Entwicklung. Leonard Cohen sagt: „Durch die Risse kommt das Licht herein."

Das Leben besteht nun einmal aus dem Pendeln zwischen den Polaritäten. Die dunkelste Stunde der Nacht ist die Geburt des Tages. Unsere größten Feinde sind unsere besten Lehrmeister.

Unglück und Glück kommen aus dem selben Tor.

China

Ihr Kommentar:

_____

_____

_____

_____

59. Der Regenbogen

In den Tälern und Bergen des südlichen Mexico feiern die Indios den Regenbogen als ein Zeichen des Friedens zwischen ihren Göttern und Dämonen. Ihre Mythen erzählen, dass in grauer Vorzeit der Dämon des Lichts und der Dämon des Wassers in Streit miteinander lagen. Der Dämon des Lichts war erzürnt darüber, dass der Dämon des Wassers ihn mit seinen Wolken immer wieder verdunkelte. Und der Dämon des Wassers war erzürnt darüber, dass der Dämon des Lichts die Feuchtigkeit der Erde immer wieder aufsog. Eine lange Zeit verging, in der sie sich mit ihren Kräften gegenseitig bekämpften. Am Grollen der Gewitter konnten die Menschen den Zorn des Wasserdämons und am Brennen der Mittagssonne die hitzige Wut des Lichtdämons erkennen. Da geschah es eines Tages, dass die Sonne an Flecken erkrankte und der Lichtdämon einen Teil seiner Kraft einbüßte. Diese Schwäche nutzte der Wasserdämon, um die Erde mit seinen Fluten zu überschwemmen. Alles Leben versank in den riesigen Wassern, und nur auf den Spitzen der Berge konnten sich einige Pflanzen, Tiere und Menschen retten. Als die Sonnenflecken wieder verschwanden, erholte sich der Lichtdämon von seiner Schwäche und sandte gebündelte Strahlen hoher Lichtenergie zur Erde, um die Wassermassen aufzusaugen. In seinem Zorn über den Wasserdämon verlor er jedoch die Beherrschung über seine Kraft. Nachdem die Wasser verschwunden waren, verbrannte er die letzten Pflanzen und Lebewesen, so dass die Erde wieder wüst und leer war.

Biocreator, der höchste Gott, trauerte über die Vernichtung des Lebens auf der Erde. Er rief den Wasser- und den Lichtdämon, die einander immer noch grollten und in hitzigem Streit lagen, zu sich. Er erinnerte sie an ihre Aufgaben für das Leben auf der Erde und die Kräfte, die ihnen dafür verliehen worden waren. Und er trug ihnen auf, darüber nachzudenken, wie sie in Zukunft nicht gegeneinander, sondern zusammenwirken könnten. Danach zog er sich zurück und machte sich ans Werk, wieder Leben auf der

Erde zu schaffen. Der Wasser- und der Lichtdämon saßen derweil auf einer Wolke und beobachteten einander misstrauisch aus den Augenwinkeln. Aber dieses Misstrauen dürfte nicht lange angehalten haben. Biocreator war noch nicht ganz fertig mit den ersten Pflanzen und Tieren, als ein Regenbogen sich über den ganzen Himmel spannte und in allen Farben leuchtete. Der Wasser- und der Lichtdämon hatten in diesem glänzenden Akt ein Bündnis miteinander geschlossen. Seitdem werden in Südmexico beide als Götter verehrt, und die Indios feiern bei jedem Regenbogen ein Fest.

Synergie: Eins plus eines gleich drei oder Licht und Wasser gleich Regenbogen.

Nimm deinen Schatten an,
lerne mit ihm zu leben!
Er wartet vielleicht darauf,
nicht nur geworfen zu sein,
irgendwohin –
sondern auch aufgenommen von
dir und in dich eingelebt,
als ein entsöhntes Gespenst.
Auch er ist ein Lebenszeichen!
Wenn du deinen Schatten siehst,
ist nicht mehr der Himmel verhangen,
es wird ein schöner Tag:
Über dir, hinter dir, Licht!

Ein Kompromiss ist ein Übereinkommen, bei dem man vorgibt, dass man nachgibt – beziehungsweise die Kunst, einen Kuchen so zu teilen, dass jeder meint, er habe das größte Stück bekommen.

Ihr Kommentar:

_____

_____

_____

_____

60. Paradigmenwechsel

Zwei Ausbildungsschwadronen zugeteilte Kriegsschiffe übten seit Tagen bei schwerem Wetter Manöver. Ich fuhr auf dem Leitschiff und hatte gegen Abend Dienst auf der Brücke. Nebelschwaden erschwerten die Sicht, also blieb auch der Kapitän oben und überwachte alles.

Kurz nach Anbruch der Dunkelheit meldete der Ausguck: „Licht Steuerbord voraus!"

„Bleibt es stehen oder bewegt es sich achteraus?"

Der Ausguck antwortete: „Es bleibt stehen, Kapitän."

Das hieß, dass wir uns auf einem gefährlichen Kollisionskurs mit dem anderen Schiff befanden.

Da rief der Kapitän dem Signalgast zu: „Schicken Sie dem Schiff ein Signal, wir sind auf Kollisionskurs, empfehlen 20 Grad Kursänderung."

Zurück kam das Signal: „Empfehlen Ihnen, den Kurs um 20 Grad zu ändern."

Der Kapitän sagte: „Melden Sie, ich bin ein Kapitän, Kurs um 20 Grad ändern."

„Ich bin ein Unteroffizier", lautete die Antwort. „Sie sollten Ihren Kurs besser um 20 Grad ändern."

Inzwischen war der Kapitän ziemlich wütend. Er schimpfte: „Signalisieren Sie, dass ich ein Kriegsschiff bin. Er soll den Kurs um 20 Grad ändern."

Prompt wurde als Antwort zurückgeblinkt: „Ich bin ein Leuchtturm."

Wir änderten den Kurs.

Es ist unmöglich, die Fackel der Wahrheit durch ein Gedränge zu tragen, ohne jemandem den Bart zu versengen.

Georg Christoph Lichtenberg

Macht zu haben lädt zu Überheblichkeit ein. In dem Maße, wie die Macht steigt, sinkt parallel dazu oft die Vorsicht. Aber ohne nötige Vor-Sicht neigt die Qualität der mit Macht getroffenen Entscheidungen zu sinken, da Einwände nicht mehr gehört werden und mit Allmachtsgefühl schlampig geplant wird. Konflikte sind vorprogrammiert.

Wer auch in hoher Stellung nicht hochmütig wird, dessen Position ist nicht in Gefahr.

Wen Tse

Ihr Kommentar:

_____

_____

_____

_____

Erfolg & Glück

Alles, was ich wirklich über mein Leben, über die Art, wie ich es führen, und was ich tun und wie ich sein soll, wissen muss, habe ich schon als Kind gelernt. Nicht den ätherischen Höhen der Universitäten, sondern dem Sandkasten im Kindergarten habe ich all meine Weisheit zu verdanken. Dort habe ich Folgendes gelernt:

Teile alles mit den anderen.

Sei fair.

Schlage niemanden.

Lege die Dinge immer dorthin zurück, wo du sie gefunden hast.

Räume deine Sachen auf, wenn du sie in Unordnung gebracht hast.

Nimm nichts, was dir nicht gehört.

Entschuldige dich, wenn du jemandem wehgetan hast.

Wasch dir vor dem Essen die Hände.

Wenn du auf der Toilette gewesen bist, betätige die Spülung.

Warme Plätzchen und kalte Milch sind bekömmlich.

Führe ein ausgewogenes Leben – lerne etwas und denke nach, aber zeichne auch jeden Tag ein wenig und male, singe, tanze, spiele und arbeite.

Halte jeden Nachmittag ein Nickerchen.

Wenn du auf die Straße gehst, achte auf den Verkehr, und wenn ihr zu mehreren unterwegs seid, fasst euch bei den Händen und bleibt zusammen.

Achte auf die Wunder, die dich umgeben. Vergiss nicht das kleine Samenkorn im Blumentopf: Die Wurzeln gehen hinunter, und die Pflanze wächst nach oben – und niemand weiß wirklich, wie oder warum das so ist, aber wir alle sind wie das Samenkorn.

Goldfische, Hamster und weiße Mäuse und sogar das kleine Samenkorn um Blumentopf – sie alle sterben. Das tun wir auch.

Und dann erinnere dich an deine Bilderbücher aus jenen Tagen und an das erste Wort, das du gelernt hast, das allerwichtigste Wort: „Schau".

Alles, was man wirklich wissen muss, ist irgendwie darin enthalten: die Goldene Regel, die Liebe und die Grundsätze der Hygiene. Die Ökologie, die Politik, die Gleichberechtigung und das vernünftige Leben. Alle diese Grundsätze werden sich, wenn sie im Familienleben, am Arbeitsplatz, in der Regierung oder in der Welt, in der wir leben, verwirklicht werden, als wahr, einfach und tragfähig erweisen. Man braucht sich nur einfach einmal vorzustellen, um wie viel besser es um unsere Welt bestellt wäre, wenn die Menschen jeden Nachmittag warme Plätzchen essen, Milch trinken und sich dann zu einem Schläfchen hinlegen würden. Oder wenn in allen Regierungen der Grundsatz befolgt würde, alles dorthin zurückzulegen, wo man es gefunden hat, und jeder die Unordnung, die er angerichtet hat, selbst wieder in Ordnung bringen würde. Und es wäre sicher auch gut, wenn Sie – ohne Rücksicht auf Ihr Alter – Ihren Mitmenschen die Hand reichen und sie im Auge behalten würden, wenn Sie in die Welt hinausgehen.

61. Das Paradies

Einst war ein Mann auf Reisen und gelangte rein zufällig ins Paradies. Nun gibt es in der indischen Vorstellung vom Paradies Bäume, die Wünsche erfüllen. Du setzt dich einfach unter sie, wünschst dir irgendetwas, und sofort wird es erfüllt – zwischen Wunsch und Erfüllung vergeht keine Zeit. Der Mann war müde, und so schlief er unter dem Wunschbaum ein. Als er aufwachte, war er sehr hungrig, also sagte er: „Ich bin hungrig. Ich wünschte, ich könnte von irgendwoher etwas zu essen bekommen." Und sogleich tauchten Speisen aus dem Nichts auf – sie schwebten einfach durch die Luft heran, köstliche Speisen.

Er war so hungrig, dass er sich nicht erst lange fragte, wo das Essen herkam – wenn man hungrig ist, ist man nicht philosophisch. Er begann sofort zu essen, und das Essen war so köstlich ... Als sein Hunger gestillt war, schaute er sich um. Er fühlte sich nun gesättigt. Da stieg ein anderer Gedanke in ihm auf: „Wenn ich nur irgendetwas zu trinken bekommen könnte ..." Und im Paradies gibt es noch kein Alkoholverbot; sofort erschien köstlicher Wein.

Während er so in der kühlen Brise des Paradieses im Schatten des Wunschbaumes in aller Ruhe seinen Wein trank, fing er endlich an, sich zu wundern. „Was geht hier vor? Was ist hier los? Träume ich, oder gibt es hier Geister, die ihren Schabernack mit mir treiben?"

Und schon tauchten Geister auf. Und sie waren wild, grausig und Ekel erregend. Da begann er zu zittern, und plötzlich kam ihm der Gedanke. „Ich bin sicher, dass ich nun getötet werde ..."

Und er wurde getötet.

Ob du glaubst, du kannst es, oder es nicht glaubst – du hast Recht.
Henry Ford

In dem Moment, in dem wir bereit sind, die Verantwortung für das Entstehen des eigenen Unglücks zu übernehmen – ebenso wie für unsere Freude – ist es eine Bereicherung auf dem Weg zum Erfolg und zum Glück. Unsere eigenen Gedanken erzeugen Himmel und Hölle. Niemand peinigt uns, außer wir selbst – mit unseren Vorstellungen und Gedanken. Allerdings muss man schon ein ungewöhnlicher Mensch sein, um drei Tage Glück hintereinander ertragen zu können. Der Zustand, den die Mystiker des Mittelalters als „die dunkle Nacht der Seele" und die Psychologen von heute lieber Depression oder Midlifecrisis nennen, kann man nur annehmen. Es sind Einladungen für eine Abenteuerfahrt ins eigene Innere. Durch das Tor zur Heldenfahrt in eigene Tiefen absteigen, um voller Staunen wieder aufzutauchen. – Und beides auf seine Art zu genießen – die einen sagen Leben, die anderen Glück dazu!

Zaghaften Sinnes ersteigst du nicht des Lebens Höhen.
Publilius Syrus

Ihr Kommentar:

_____

_____

_____

_____

62. Das Geheimnis des Glücks

Eines Tages schickte ein Geschäftsmann seinen Sohn zu dem größten Weisen weit und breit, um ihm das Geheimnis des Glücks beizubringen. Der Jüngling wanderte 40 Tage durch die Wüste, bis er schließlich an ein prachtvolles Schloss kam, das oben auf einem Berg lag. Dort wohnte der Weise, den er aufsuchen sollte. Anstatt nun einen Heiligen vorzufinden, kam der Jüngling in einen Raum, in welchem große Betriebsamkeit herrschte. Händler kamen und gingen, Leute standen in den Ecken und unterhielten sich, eine keine Musikkapelle spielte leichte Melodien, und es gab eine festliche Tafel mit allen Köstlichkeiten dieser Gegend. Der Weise unterhielt sich mit jedem einzelnen, und der Jüngling musste zwei volle Stunden warten, bis er an der Reihe war.

Der Weise hörte sich aufmerksam seine Geschichte an, sagte jedoch, er habe im Moment keine Zeit, ihm das Geheimnis des Glücks zu erklären. Er empfahl ihm, sich im Palast umzusehen und in zwei Stunden wiederzukommen. „Aber ich möchte dich um einen Gefallen bitten", fügte der Weise hinzu und überreichte dem Jüngling einen Teelöffel, auf den er zwei Öltropfen träufelte. „Während du dich hier umsiehst, halte den Löffel, ohne dabei das Öl auszuschütten."

Der Jüngling stieg treppauf und treppab, ohne den Blick von dem Löffel zu lösen. Nach zwei Stunden erschien er wieder vor dem Weisen.

„Na", fragte dieser, „hast du die kostbaren Perserteppiche in meinem Esszimmer gesehen? Und den prachtvollen Park, den der Gärtnermeister innerhalb von zehn Jahren anlegte? Und die schönen Pergamentrollen in meiner Bibliothek?"

Beschämt musste der junge Mann zugeben, dass er nichts von alledem gesehen hatte, weil seine ganze Aufmerksamkeit dem Teelöffel mit dem Öl gegolten hatte, das ihm anvertraut worden war.

„Also, dann zieh noch einmal los und schau dir all die Herrlichkeiten meiner Welt genau an", sagte der Weise. „Man kann einem Menschen nicht trauen, bevor man sein Haus nicht kennt."

Nun schon etwas ruhiger, nahm er wieder den Löffel und machte sich erneut auf den Weg, doch diesmal achtete er auf all die Prachtgegenstände, die an den Wänden und an der Decke hingen. Er sah den Park, die Berge ringsherum, die Vielfalt der Blumen, die Vollendung, mit der jeder Kunstgegenstand am richtigen Ort eingefügt war. Zurück beim Weisen schildert er ausführlich, was er alles gesehen hatte.

„Aber wo sind die beiden Öltropfen, die ich dir anvertraute?" bemerkte der Weise. Als er auf den Löffel blickte, musste der Jüngling entsetzt feststellen, dass er sie verschüttet hatte.

„Also, dies ist der einzige Rat, den ich dir geben kann", sagte der weiseste der Weisen. „Das Geheimnis des Glücks besteht darin, auf alle Herrlichkeiten dieser Welt zu schauen, ohne darüber die beiden Öltropfen auf dem Löffel zu vergessen."

Nicht in der Erkenntnis liegt das Glück, sondern im Erwerben der Erkenntnis.

Edgar Allen Poe

Plötzlich ist es in uns, macht uns froh und optimistisch, lässt uns auf Wolke 7 schweben oder die Stille und unsere innere Zufriedenheit genießen: Das Glück, schönstes aller Lebensgefühle!

Es hat so viele Gesichter, wie es Menschen gibt, birgt so viele Geheimnisse, wie es Gesichter gibt. Alleine Augustinus definierte 288 verschiedene Arten von Glück. Seneca erkannte im ersten Jahrhundert nach Christus ebenfalls: „Glücklichsein ist der Wunsch aller Menschen."

Übrigens, woran merken Sie, dass Sie glücklich sind?

Man muss etwas zu wünschen übrig haben, um nicht vor lauter Glück unglücklich zu sein.

Gracián

Ihr Kommentar:

_____

_____

_____

_____

63. Freude an der Arbeit

Ein Kaufmann aus Mexico City wollte Freunde auf ihrer Hazienda besuchen. Es war eine etwas mühsame Reise, denn die Straße war schlecht. Erschöpft kam der Kaufmann endlich im Hochland an den Rand eines kleinen Dorfes und nahm sich vor, hier Rast zu machen. Da sah er einen Indio, der vor seiner Hütte saß und einen Korb flocht. Er arbeitete mit viel Geschick und verstand es auch noch obendrein, sein Produkt mit mehrfarbigen und feinen Mustern zu versehen. Das Ergebnis konnte sich sehen lassen.

Dem Kaufmann gefiel der Korb, und er fragte nach dem Preis. „50 Pesos, Señor", antworte der Mann. Das war billig, und schon regte sich der Geschäftssinn unseres Kaufmannes. Er rechnete sich aus, dass er mit solchen Körben bei den Touristen in der Stadt beachtlichen Gewinn erzielen könnte. „Und was würden 20 Körbe kosten?" fragte er den Korbflechter. „100 Pesos das Stück, Señor", war die Antwort.

„Moment mal", protestierte der Kaufmann, „wenn ich dir so viele Körbe abnehme, müssten sie doch billiger sein. Du aber verlangst den doppelten Preis". Da lächelte der Indio und sprach: „Señor, einen Korb machen, das ist Freude und Vergnügen. Aber 20 Körbe machen, ist keine Freude, sondern viel, viel Arbeit."

Es ist nicht leicht, das Glück in sich selbst zu finden, doch es ist unmöglich, es anderswo zu finden.

Agnes Repplier

Viele Menschen glauben, dass ihr Glück davon abhängt, wie viel sie besitzen. Doch für das Haben zu leben ist eine Lebenslüge, eine Glücksgleichung, die nicht aufgeht. Es gibt nur wenig wirklichen Reichtum: zum einen die menschlichen Beziehungen, die wir haben, und zum anderen etwas, an das man glauben kann, etwas, wofür man sich mit dem ganzen Herzen begeistern kann.

Man braucht das Gefühl, dass das eigene Leben einen Sinn hat, dass man gebraucht wird in dieser Welt.

Es ist unmöglich, einen Mann, dem durch seine Art zu verfahren, viel geglückt ist, zu überzeugen, er könne gut daran tun, anders zu verfahren. Daher kommt es, dass das Glück eines Mannes wechselt; denn die Zeiten wechseln, er aber wechselt nicht sein Verfahren.

Machiavelli

Ihr Kommentar:

_____

_____

_____

_____

64. Der Pechvogel

Vor langer, langer Zeit lebte ein Mann in einem Dorf inmitten von grasgrünen Wiesen. Um ihn herum wohnten heitere und zufriedene Menschen, denen jeder Tag neue Freuden und Überraschungen brachte. Nur ihm allein schien alles fehlzuschlagen. So nannte man ihn allgemein den Pechvogel, und das behagte ihm nicht. Schließlich suchte er Rat bei einer weisen Frau. Sie meinte, er solle zu dem Alten am Ende der Welt wandern, denn er wisse eine Antwort auf jede Frage. So wanderte er los, einen Tag, eine Woche, ein Jahr, bis er zu einem Wolf kam, der elend aussah. „Wohin gehst du?" fragte der Wolf. „Zum Alten am Ende der Welt, er weiß Antwort auf jede Frage." „Bitte frage ihn, warum ich ewig hungrig bin", bat ihn der Wolf. Der Mann versprach es. Er wanderte weiter, einen Tag, eine Woche, ein Jahr. Da kam er zu einem Baum, der halb vertrocknet aussah. „Wohin gehst du?" fragte der Baum. „Zum Alten, am Ende der Welt, er weiß Anwort auf jede Frage." „Bitte frage ihn, warum ich hier vertrocknen muss, wenn andere Bäume wachsen." Der Mann versprach es. Er wanderte weiter, einen Tag, eine Woche, ein Jahr. Da kam er zu einem schönen Haus, in dem wohnte eine freundliche Frau. „Wohin gehst du?" fragte die Frau. „Zum Alten, am Ende der Welt, er weiß Antwort auf jede Frage." „Oh bitte, frage ihn doch, warum ich so einsam bin." Der Mann versprach es. Ehe sie ihn ziehen ließ, kochte sie ihm ein leckeres Essen, gab ihm ein warmes weiches Bett und schickte ihn mit einem guten Frühstück auf den Weg.

Er wanderte weiter, einen Tag, eine Woche, einen Monat. Dann war er beim Alten am Ende der Welt. Nun durfte er alle Fragen stellen und bekam auf jede eine Antwort. Eifrig machte der Pechvogel sich auf den Heimweg, sein Schritt war beflügelt. Bald erreichte er das hübsche Haus der freundlichen Frau. „Was hat der Alte gesagt?" fragte sie sofort. „Oh, er hat gesagt: wenn ein Mann zu deinem Haus kommt, sollst du ihn heiraten, und du bist nie mehr einsam." „Du bist ein Mann, du bist zu meinem Haus gekommen. Willst du mich nicht heiraten?" „Das kann ich nicht, denn mir hat er gesagt, ich würde mein Glück auf dem Weg finden, ich muss weiter." Wieder kochte sie ihm ein gutes Essen, gab ihm ein weiches Bett und ließ ihn traurig weiterziehen. Der Pechvogel sputete sich und erreichte endlich den Baum, der inzwischen alle Blätter verloren hatte und mit Mühe flüsterte: „Was hat der Alte gesagt?" „Ah, hat er gesagt, unter den Wurzeln des Baumes liegt eine große eiserne Truhe voller goldener Taler, und wenn jemand sie ausgräbt, dann können die Wurzeln wieder trinken und du wirst frisch und gesund." „Hier liegt ein Spaten, bitte grabe die Truhe aus, damit ich wieder trinken kann." „Das kann ich nicht, denn mir hat er gesagt, ich würde mein Glück auf dem Weg finden, ich muss weiter." Noch hastiger eilte der Pechvogel zurück, und es schien ihm nur eine kurze Weile, bis er den Wolf traf. „Was hat der Alte am Ende der Welt zu dir gesagt?" fragte der Wolf, der inzwischen noch elender aussah. „Er hat gesagt, das Essen steht doch vor dir!" Da fraß der Wolf den Pechvogel und leckte sich befriedigt das Maul.

In uns selbst liegen die Sterne des Glücks – bringen wir sie zum Leuchten.

Heinrich Heine

Viele Menschen sind daran gewöhnt zu glauben, die Dinge könnten anders sein, so dass sie die Dinge nicht zu ändern versuchen, die sie ändern könnten. Sie können sich heute ändern, aber das Gestern ist vorbei. Wenn sie sich heute ändern würden, können sich die Dinge morgen anders ereignen. Es ist unser Glaube, dass die Dinge anders sein können, der uns daran hindert zu tun, was wir können, um sie zu ändern. Dabei finden wir das Glück unterwegs, in jedem Augenblick, nicht am Ende der Straße; denn dann ist die Reise vorbei, und es ist zu spät.

Viele suchen ihr Glück, wie sie einen Hut suchen, den sie auf dem Kopf tragen.

Nikolaus Lenau

Ihr Kommentar:

_____

_____

_____

_____

65. Die vier archimedischen Punkte

Archimedes suchte, für die physikalische Welt, den einen festen Punkt, von dem aus er sich zutraute, sie aus den Angeln zu heben. In jedem von uns gibt es mehr als einen archimedischen Punkt. Vier davon möchte ich aufzählen.

Punkt 1: Jeder Mensch höre auf sein Gewissen! Das ist möglich. Denn er besitzt eines. Diese Uhr kann man weder aus Versehen verlieren noch mutwillig zertrampeln. Diese Uhr mag leiser oder lauter ticken – sie geht stets richtig. Nur wir gehen manchmal verkehrt.

Punkt 2: Jeder Mensch sucht sich Vorbilder! Das ist möglich. Denn es existieren welche. Und es ist unwichtig, ob es sich dabei um einen großen toten Dichter, um Mahatma Gandhi oder um Onkel Fritz aus Braunschweig handelt, wenn es nur ein Mensch ist, der im gegebenen Augenblick ohne Wimperzucken das gesagt und getan hätte, wovor wir zögern. Das Vorbild ist ein Kompass, der sich nicht irrt und uns Weg und Ziel weist.

Punkt 3: Jeder Mensch gedenke immer seiner Kindheit! Das ist möglich. Denn er hat ein Gedächtnis. Die Kindheit ist das stille, reine Licht, das aus der eigenen Vergangenheit tröstlich in die Gegenwart und Zukunft hinüberleuchtet. Sich der Kindheit wahrhaft erinnern, das heißt: plötzlich und ohne langes Überlegen wieder wissen, was echt und falsch, was gut und böse ist. Die meisten vergessen ihre Kindheit wie einen Schirm und lassen sie irgendwo in der Vergangenheit stehen. Und doch können nicht 40, nicht 50 spätere Jahre des Lernens und Erfahrens den seelischen Feingehalt des ersten Jahrzehnts aufwiegen. Die Kindheit ist unser Leuchtturm.

Punkt 4: Jeder Mensch erwerbe sich Humor! Das ist nicht unmöglich. Denn immer und überall ist es einigen gelungen. Der Humor rückt den Augenblick an die richtige Stelle. Er lehrt uns die wahre Größenordnung und die gültige Perspektive. Er macht die Erde zu einem kleinen Stern, die Weltgeschichte zu einem Atemzug und uns selber bescheiden. Das ist viel. Bevor man das Erb- und Erzübel, die Eitelkeit, nicht totgelacht hat, kann man nicht beginnen, das zu werden, was man ist: ein Mensch.

Gott, was ist Glück! Eine Grießsuppe, eine Schlafstelle und keine körperlichen Schmerzen – das ist schon viel.

Theodor Fontane

Das Glück ist im Grunde nichts anderes, als der Wille zu leben, die Ressourcen, die vorhanden sind, zu erkennen und zu nutzen und die Bedingungen seines Lebens so anzunehmen, indem man nicht nur das macht, was man gerne tut, sondern das, was man macht, gerne tut.

Wenn A für Erfolg steht, gilt die Formel $A = x + y + z$; x ist Arbeit, y ist Muße und z heißt Mundhalten.

Albert Einstein

Ihr Kommentar:

_____

_____

_____

_____

66. Der Meister

Als ein Schüler zu seinem Meister nach Tibet ging, war er so demütig, so rein, so authentisch, dass die anderen auf ihn eifersüchtig wurden. Es war klar, dass er der Nachfolger sein würde, und so versuchten sie, ihn umzubringen. Der Schüler war sehr, sehr vertrauensvoll. Eines Tages sagten die anderen Jünger zu ihm: „Wenn du wirklich an den Meister glaubst, kannst du dann von einer Felswand herabspringen? Wenn das Vertrauen da ist, ist nichts dabei! Es wird dir kein Leid geschehen." Und der Schüler sprang, ohne auch nur einen einzigen Augenblick zu zögern. Die Jünger rannten nach unten ... der Abgrund war fast 3000 Fuß tief. Sie stiegen hinab, um seine zerschmetterten Glieder zu finden; er jedoch saß im Lotussitz da, ungeheuer glücklich. Er öffnete seine Augen und sagte: „Ihr habt Recht – Vertrauen rettet."

Sie dachten, da müsse ein Zufall mitgespielt haben, und sagten eines Tages zu ihm, als gerade ein Haus in Flammen stand: „Wenn du den Meister liebst und ihm vertraust, kannst du ins Feuer gehen." Da stürzte er sich in die Flammen, um die Frau und das Kind zu retten, die im Hause zurückgelassen worden waren. Das Feuer war so groß, und sie hofften, er werde sterben, aber das Feuer konnte ihm überhaupt nichts anhaben. Und sein großes Vertrauen machte ihn nur noch strahlender.

Eines Tages befanden sich die Jünger auf einer Reise; sie mussten einen Fluss überqueren, und sie sagten zu ihm: „Du brauchst das Boot nicht. Du hast ein so großes Vertrauen, du kannst auf dem Wasser wandeln." Und so ging er zu Fuß. Das war das erste Mal, dass ihn der Meister sah. Er sagte: „Was tust du da? Das ist unmöglich!" Und der Schüler antwortete: „Ich tue es durch deine Kraft, Meister." Jetzt dachte der Meister: „Wenn mein Name und meine Kraft bei diesem dummen, unwissenden Mann so etwas bewirken können ... ich habe es noch nie versucht." Und so versuchte er es. Er ertrank. Nie wieder ward etwas von ihm gehört.

Für großartig angelegte Menschen ist es die schwerste Aufgabe, auf der Zinne des Erfolges dessen natürliche Schranke zu erkennen.

Theodor Mommsen

Der Weg zum Erfolg und persönlichem Glück endet nie. Es gibt immer etwas zu verbessern. Lassen Sie sich nicht entmutigen, wenn das Ideal noch weit entfernt scheint. Betrachten Sie die Entfernung als Maß ihres Potenzials – nicht ihrer Unzulänglichkeit.

Alles, was einem Menschen gelingt, und alles, was ihm misslingt, ist das unmittelbare Ergebnis seines Denkens.

James Allen

Ihr Kommentar:

_____

_____

_____

_____

Freiheit & Spiritualität

Tolstoi skizziert die Konturen der Freiheit mit folgenden Worten: „Ein Pferd, das in einem Wagen eingespannt ist, hat nicht die Freiheit, ihn nicht zu ziehen; und wenn es ihn nicht ziehen will, dann wird ihm der Wagen auf die Beine schlagen, und es wird dem Weg des Wagens folgen, wo immer es hinläuft – und es wird ihn freiwillig ziehen. Trotz dieser begrenzten Freiheit steht es ihm frei, den Wagen zu ziehen, oder sich ziehen zu lassen. Das Gleiche trifft auf den Menschen zu."

Die Unfähigkeit vieler Menschen, ihr Schicksal zu wählen, ist Unfreiheit, die Knechtschaft der eigenen Gedanken. Wenn man selbst nie eine Entscheidung trifft, wird für einen entschieden und man wird folgsam und anhänglich.

Stellen Sie sich einmal vor, Sie sind im Gefängnis – „lebenslänglich" heißt das Urteil. Auf Grund eines humanen Strafvollzugs haben sie die Möglichkeit, all das zu tun, was Sie schon immer tun wollten, was Ihnen wirklich wichtig ist, was Ihnen am Herzen liegt. Sie sortieren Ihre Werte, trennen Wichtiges von Unwichtigem und überlegen sich sehr wohl, welche Menschen Sie als Freund benennen wollen. Sie beginnen endlich das Hobby, welches Sie schon immer gereizt hat, und lernen die Dinge, die Sie schon immer wissen und können wollten.

Sie bereiten sich auf eine innere Begegnung mit sich selbst vor und finden einen Glauben oder eine Zugehörigkeit, für die es sich mit hundert Prozent Ihrer Energie zu leben lohnt.

Übrigens, was hindert Sie daran all diese Dinge JETZT, in „Freiheit" zu tun? Die eigentliche Freiheit besteht darin zu erkennen, dass Sie nicht Opfer der Umstände sind, sondern dass Sie Wahlmöglichkeiten haben. Die Wahl, unser Leben selbst in die Hand zu nehmen, auch wenn sie manchmal nur darin besteht, die Dinge anders zu sehen. Vom Opfer zum Akteur. Ich bin Ich – auf der ganzen Welt gibt es niemanden, der genauso ist, wie Sie sind. Deshalb ist alles, was Sie hervorbringen, völlig authentisch Ihr Eigenes, denn Sie haben alleine entschieden, dass es so ist, wie es ist.

67. Die fünf Freiheiten

1. Die Freiheit zu sehen und zu hören, was JETZT ist, an Stelle von dem, was sein sollte, sein könnte, gewesen ist oder sein wird.

2. Die Freiheit zu empfinden, was man JETZT empfindet, an Stelle von dem, was sein sollte, sein könnte, gewesen ist oder sein wird.

3. Die Freiheit zu sagen, was JETZT ist, statt davon zu reden, was sein könnte, gewesen ist oder sein wird.

4. Die Freiheit, sich zu nehmen, was man haben will, unabhängig davon, was man zu wollen hat, und ohne darauf warten zu müssen, dass man es von irgendjemandem angeboten bekommt.

5. Die Freiheit, eigenverantwortlich Risiken einzugehen, anstatt ständig nur darauf zu hoffen, dass man von den durch andere bewirkten Veränderungen profitiert.

Wenn ich in der Lage bin, zu sehen und zu hören, was JETZT geschieht, und mir der Gefühle bewusst zu werden, die ich JETZT empfinde; wenn ich fähig bin zu sagen, was ich JETZT fühle, denke, höre und sehe; wenn ich es fertig bringe, mir das zu nehmen, was ich mir JETZT wünsche; wenn ich mir zutraue, eigenverantwortlich JETZT Risiken einzugehen; und es mir gelingt, über all dies JETZT angemessen zu kommunizieren und auch Feed-back JETZT entgegenzunehmen; dann sind die Voraussetzungen dafür geschaffen, dass ich mich JETZT auf kreative Weise meiner Umwelt zuwenden kann und mich im guten Einvernehmen mit meinem Innenleben befinde – und zwar JETZT!

Ewigkeit ist die unendliche Existenz jedes Zeitaugenblicks.

Ouspensky

Will man aus seit langem schädigenden Verbindungen zu Alkohol, Arbeit, Personen oder Beziehungen heraus, kann man nicht auf Anhieb sein seelisch verkümmertes Leben hinter sich lassen. Im Reich der Gedanken und des Geistes gibt es keine echten „Ausder-Gosse-zu-den-Sternen"-Geschichten. Es erfordert Zeit, das gesamte Spektrum der Gefühle zu erforschen, die man jahrelang ignoriert oder geleugnet hat. Beginnen sollte man dort, wo man steht, nicht wo man gerne wäre und den ersten Schritt vor dem zweiten tun. JETZT.

Mögest du in einer interessanten Zeit leben.

Chinesischer Gruß

Kommentar:

_____

_____

_____

_____

68. Der Prinz und der Zauberer

Es war einmal ein junger Prinz, der an alles glaubte, außer an drei Dinge. Er glaubte nicht an Prinzessinnen, er glaubte nicht an Inseln, und er glaubte nicht an Gott. Sein Vater, der König, sagte ihm, diese Dinge existierten nicht. Und da es im Reich seines Vaters keine Prinzessinnen oder Inseln und kein Anzeichen von Gott gab, glaubte der junge Prinz seinem Vater.

Aber eines Tages lief der Prinz von dem väterlichen Palast fort. Er kam in das Nachbarland. Dort sah er zu seiner Verwunderung von jeder Küste aus Inseln und auf diesen Inseln seltsame und verwirrende Geschöpfe, die er nicht zu benennen wagte. Während er sich nach einem Boot umsah, kam ihm an der Küste ein Mann im Frack entgegen.

„Sind das wirkliche Inseln?" fragte der junge Prinz. „Natürlich sind das wirkliche Inseln", sagte der Mann im Frack. „Und diese seltsamen und verwirrenden Geschöpfe?" „Das sind ganz echte Prinzessinnen." „Dann muss Gott auch existieren!" rief der Prinz. „Ich bin Gott", erwiderte der Mann im Frack und verbeugte sich. Der junge Prinz kehrte, so schnell er konnte, nach Hause zurück. „Da bist du ja wieder", sagte sein Vater, der König. „Ich habe Inseln gesehen, ich habe Prinzessinnen gesehen, ich habe Gott gesehen", sagte der Prinz vorwurfsvoll. Der König war völlig ungerührt: „Es gibt weder wirkliche Inseln noch wirkliche Prinzessinnen noch einen wirklichen Gott." „Ich habe sie aber gesehen!" „Sage mir, wie Gott gekleidet war." „Gott war festlich gekleidet, im Frack." „Waren die Ärmel seines Mantels zurückgeschlagen?" Der Prinz erinnert sich, dass es so war. Der König lächelte. „Das ist die Uniform eines Magiers. Du bist getäuscht worden."

Darauf kehrte der Prinz wieder in das Nachbarland zurück und ging an dieselbe Küste, wo ihm wieder der Mann im Frack entgegenkam. „Mein Vater, der König, hat mir gesagt, wer du bist", sagte der junge Prinz entrüstet. „Du hast mich beim vorigen Mal getäuscht, aber diesmal nicht. Ich weiß jetzt, dass das keine wirklichen Inseln und keine wirklichen Prinzessinnen sind, denn du bist ein Zauberer." Der Mann an der Küste lächelte. „Nein, du bist getäuscht worden, mein Junge. In deines Vaters Königreich gibt es viele Inseln und viele Prinzessinnen. Aber du bist von deinem Vater verzaubert, darum kannst du sie nicht sehen." Der Prinz kehrte nachdenklich nach Hause zurück. Als er seinen Vater erblickte, sah er ihm in die Augen. „Vater, ist das wahr, dass du kein wirklicher König bist, sondern nur ein Zauberer?" Der König lächelte und rollte seine Ärmel zurück. „Ja, mein Sohn, ich bin nur ein Zauberer." „Dann war der Mann an der Küste Gott." „Der Mann an der Küste war ein anderer Zauberer." „Ich muss aber die wirkliche Wahrheit wissen, die Wahrheit jenseits der Zauberer." „Es gibt keine Wahrheit jenseits der Zauberer", sagte der König.

Der Prinz war von Traurigkeit erfüllt. Er sagte: „Ich werde mich umbringen." Der König zauberte den Tod herbei. Der Tod stand in der Tür und winkte dem Prinzen. Der Prinz erschauderte. Er erinnerte sich der wundervollen, aber unwirklichen Inseln und der unwirklichen, aber herrlichen Prinzessinnen. „Nun gut", sagte er. „Ich kann es ertragen." „Du siehst, mein Sohn", sagte der König, „dass du im Begriff bist, selbst ein Zauberer zu werden."

Die Menschen werden nicht hundert Jahre alt; trotzdem bereiten sie sich Sorgen für tausend Jahre.

Es gibt große Unterschiede in Bezug auf die Klarheit, Vollständigkeit und Tiefe der Erlebnisse und des Erlebens. Stellen Sie sich einen Menschen vor, der als Kind blind war und nun ganz allmählich seine Sehfähigkeit wieder erlangt. Zuerst sieht er nur die Dinge, die in der Nähe sind – verschwommen und dunkel. Dann, wenn sich seine Sehfähigkeit erhöht, wird er Dinge erkennen, die etwa einen Meter von ihm entfernt sind, dann Objekte in zehn Meter, dann in 100 Meter Entfernung, bis er schließlich klar und genau alles bis auf 100 Meter Entfernung erkennen kann. Bei all diesen Stadien ist die Welt der Erscheinungen, die dieser Mensch sieht, immer die gleiche – aber die Unterschiede in der Klarheit, Genauigkeit und Vollkommenheit sind so groß wie der Unterschied von Schnee gegenüber Holzkohle.

Man kann keinen Elfmeter schießen, wenn man nicht in den gegnerischen Strafraum kommt, Man kann keinen Fisch fangen, wenn man nicht die Leine ins Wasser hängt. Man kann sein Ziel nicht erreichen, wenn man es nicht versucht.

Kathy Seligman

Ihr Kommentar:

_____

_____

_____

_____

69. Jetzt nicht

Ein Forscher berichtet aus Peru: Bei den Ausgrabungsarbeiten im Geröll der alten Inka-Stadt waren meine Schuhe bald so zerfetzt, dass ich schließlich wohl oder übel einen Schuster suchen musste. Ich ritt los und fand am dritten Tag endlich einen. Er saß vor seiner Hütte und ließ sich die milde Abendsonne auf den Kopf scheinen. Ich zeigt ihm meine Schuhe, und er betrachtete sie eingehend. Schließlich meinte er: „Sie sind kaputt." Darauf entgegnete ich geduldig: „Würden Sie so gut sein und sie mir flicken?"

„Einen Augenblick", rief er mit einer leichten Kopfbewegung, ohne sich im geringsten anzustrengen, in seine Hütte hinein, „Alte, wie viel Geld haben wir noch?" Ich hörte, wie es im Haus rumorte, wie eine Schranktür geöffnet wurde, wie ein Kastendeckel klappte. Und dann vernahm ich das bekannte und beliebte Geräusch des Geldzählens. Endlich kam die Antwort: „17 Pesos!"

Über die bis dahin unbewegliche Miene des Schusters ging ein schmerzliches, bedauerndes Lächeln. Er zuckte mit den Schultern und sagte mir aller Höflichkeit: „Kommen Sie doch in etwa sechs Wochen noch einmal wieder. Sie werden verstehen, wenn wir noch so viel Geld haben, kann ich jetzt nicht arbeiten."

Wenn du eine Stunde glücklich sein willst, schlafe. Wenn du einen Tag glücklich sein willst, gehe fischen. Wenn du eine Woche glücklich sein willst, schlachte ein Schwein. Wenn du ein Jahr glücklich sein willst, habe ein Vermögen. Wenn du ein Leben glücklich sein willst, liebe deine Arbeit.

Chinesische Weisheit

Viele Menschen glauben, dass Besitz glücklich macht. Aber kaum ist ein materieller Wunsch erfüllt, muss der nächste her. Welcher Mechanismus steckt dahinter? Zuerst gibt es einen Reiz, etwas zu besitzen. Dieser Reiz steigert sich in Erregung, die ständig wächst, bis zu dem Moment, in dem das heiß geliebte Objekt endlich zu haben ist, sei es das Auto, die Frau, der Mann der Träume etc. – und dann ist dies alles plötzlich wieder sinnlos, und die altbekannte Leere breitet sich aus. Der Reiz besteht nur darin, etwas zu bekommen. So geht es in einem fort. Von einem Wunsch zum nächsten. Die Ziele und Wünsche an sich sind leer – doch sie schenken uns den Weg.

An dem Tag an dem verstanden wird, dass alles Wünschen als solches scheitern wird, beginnt die Reise in die Freiheit.

Die Freiheit des Menschen liegt nicht darin, dass er tun kann, was er will, sondern dass er nicht tun muss, was er nicht will.
Jean-Jacques Rousseau

Ihr Kommentar:

_____

_____

_____

_____

70. Gipfelkonferenz

Das Gewissen hatte seine Mitarbeiter zu einer wichtigen Sitzung geladen. Erschienen waren neben allen Fasern der Wahrnehmung folgende Gesprächsteilnehmer: Der Wille, der sich genüsslich räkelte; denn er ging davon aus, dass sich alles nach ihm zu richten habe. Der Verstand, der sich schon vorher den Ausgang der Diskussion errechnete. Das Gefühl, das etwas verloren in der Ecke saß, weil es nie so recht für voll genommen wurde. Die Vernunft, die extra noch beim Friseur war, weil sie sich an Auftritte gewöhnt hatte. Und schließlich die Seele, die die anderen mit ihrem ständigen Lächeln nervös machte.

„Unser Gespräch wurde notwendig", begann das Gewissen, „weil die Menschen unsere Übereinstimmung zum Leben brauchen. Sonst zerbricht die Hoffnung." „In deiner Nähe friere ich immer!" sagte das Gefühl zum Verstand. „Deine Kälte macht alles so unmenschlich und auch so unwesentlich." „Und du bist für mich unzuverlässig, explosiv und launisch", erwiderte der Verstand gereizt.

Da schaltete sich die Vernunft ein: „Ich kann deinen Egoismus nicht ertragen", meinte sie zum Willen. „Und mir wird schlecht bei deiner Arroganz!" konterte der Wille. „Irgendwie verstehe ich euch allesamt nicht", warf die Seele ein, „ihr denkt immer nur an euch, ihr wollt euch durchsetzen und allein bestimmen. Ich sage euch offen in alle Fasern hinein: Wo der Verstand regiert, kann es keine Gefühlsregung geben. Wo das Gefühl regiert, kann nicht mehr gedacht werden. Wo der Wille alles bestimmt, gibt es nur noch Macht und Gewalt. Und wo die Vernunft das Sagen hat, wird alles glatt und fantasielos."

„Genau das wollte ich hören!" schaltete sich nun das Gewissen ein und wandte sich gleichzeitig an die Seele: „Ich kann deine Klage verstehen; denn wo die Menschen seelenlos werden, haben sie auch keine Zukunft!" „Das betrifft dich genauso", bestätigte die Seele, „denn wo die Menschen gewissenlos werden, haben sie keine Ehrfurcht vor dem Leben." Da schwiegen sie alle eine Weile, und im Gewand des Schweigens entstehen Erkenntnisse, die im Lärm der Zeit sonst nicht wachsen.

So entdeckten sie das Wesen des Lebens, und die Seele sprach aus: „Wenn wir wissen, dass wir zusammengehören, um im Sinn zu sein, dann kann das Leben noch einmal beginnen."

Carpe diem – Nutze den Tag.

Wenn Du hast, was Du willst, im Kampf um den Erfolg,
Und die Welt Dich einen Tag zum König macht:
Dann stell Dich vor den Spiegel und schau Dich dort an
Und sieh, was der Mensch Dir zu sagen hat.

Er ist nicht Dein Vater, Deine Mutter, Deine Frau,
Vor deren Urteil zu bestehen musst.
Der Mensch, dessen Meinung für Dich am meisten zählt,
ist der, der Dich aus dem Spiegel anschaut.

Einige Menschen halten Dich für entschlossen,
Aufrecht, und für einen wunderbaren Kerl.
Der Mann im Spiegel nennt Dich einen Strolch,
Wenn Du ihm nicht offen in die Augen sehen kannst.

Auf ihn kommt es an, kümmere Dich nicht um den Rest,
Denn er ist bis ans Ende bei Dir.
Du hast die schwierigste Prüfung bestanden,
Wenn der Mann im Spiegel Dein Freund ist.

Auf Deinem Lebensweg kannst Du die Welt betrügen,
Dir anerkennend auf die Schultern klopfen lassen:
Doch Dein Lohn werden Kummer und Tränen sein,
Wenn Du den Mann im Spiegel betrogen hast.

Dale Wimbrow

Wohin du auch gehst – gehe mit deinem Herzen.

Konfuzius

Ihr Kommentar:

_____

_____

_____

_____

71. Auf der Durchreise

Ein Tourist darf in einem Kloster bei Zen-Mönchen übernachten. Er ist sehr erstaunt über die spartanische Einrichtung ihrer Zellen und fragt die Mönche: „Wo habt ihr eure Möbel?" Schlagfertig fragen die Mönche zurück: „Ja, wo haben Sie denn Ihre?" „Meine?" erwidert darauf der Tourist verblüfft. „Ich bin ja nur auf der Durchreise hier!" „Eben", werfen die Mönche ein, „das sind wir auch."

Die Frage ist falsch gestellt, wenn wir nach dem Sinn unseres Lebens fragen. Das Leben ist es, das Fragen stellt; wir sind die Befragten, die zu antworten haben.

Viktor E. Frankl

Was ist das zentrale Anliegen des Zen? Die Neugeburt und die Verwandlung des Menschen aus der Erfahrung des Seins. Zen lehrt uns den Weg zur Befreiung unseres Wesens aus den Fesseln des weltabhängigen Ichs. Zen lehrt uns nicht mit den Mitteln eines analytischen schlussfolgernden Denkens, auch nicht in der Form eines dogmatischen Glaubens oder einer spekulativen Metaphysik, sondern als Weg der Erfahrung durch Übung. Das Wort Übung hat zweierlei Sinn: Erstens die Übung zu einem Können sichtbarer Leistung und zweitens die Übung zur inneren Reife, dem Weg der inneren Verwandlung. Erstere ist im vollendeten Können beendet. Die Übung, die Verwandlung meint, ist nie beendet.

Der höchste Lohn für unsere Bemühungen ist nicht das, was wir dafür bekommen, sondern das, was wir dadurch werden.

Ihr Kommentar:

_____

_____

_____

_____

72. Die Vielfältigkeit des Lebens

Das Leben ist eine Chance, nutze sie.

Das Leben ist Schönheit, bewundere sie.

Das Leben ist Seligkeit, genieße sie.

Das Leben ist ein Traum, mach daraus Wirklichkeit.

Das Leben ist eine Herausforderung, stelle dich ihr.

Das Leben ist eine Pflicht, erfülle sie.

Das Leben ist ein Spiel, spiele es.

Das Leben ist kostbar, geh sorgfältig damit um.

Das Leben ist Reichtum, bewahre ihn.

Das Leben ist Liebe, erfreue dich an ihr.

Das Leben ist ein Rätsel, durchdringe es.

Das Leben ist Versprechen, erfülle es.

Das Leben ist Traurigkeit, überwinde sie.

Das Leben ist eine Hymne, singe sie.

Das Leben ist ein Kampf, akzeptiere ihn.

Das Leben ist eine Tragödie, ringe mit ihr.

Das Leben ist ein Abenteuer, wage es.

Das Leben ist Glück, verdiene es.

Das Leben ist das Leben, verteidige es.

Wir verlangen, das Leben müsse einen Sinn haben – aber es hat nur ganz genau so viel Sinn, als wir selber ihm zu geben im Stande sind.

Hermann Hesse

Wir alle müssen das Leben meistern. Die nützlichste Art, es zu meistern, besteht darin, das Leben zu lieben, die Gegenwart als Geschenk zu betrachten und im Alltäglichen das Wunderbare zu sehen. Alles wirkliche Leben ist Begegnung. Letzten Endes zählt nur, was wir getan und gelebt, und nicht, was wir ersehnt haben.

Lasse nie zu, dass jemand nach einer Begegnung mit dir unglücklicher ist als zuvor.

Mutter Teresa

Ihr Kommentar:

_____

_____

_____

_____

Epilog

Es liegt in eurer Hand.

Es war einmal ein weiser Mann, der immer zur rechten Zeit die richtigen Ratschläge gab. Darum wurde er auch viel befragt und genoss großes Ansehen bei der Bevölkerung. Dies ärgerte die Oberen des Landes sehr, und sie überlegten, wie sie dem weisen Mann eine Falle stellen könnten.

Nach langem Überlegen hatten sie eine Idee: Einer der ihren sollte mit einer Maus in der geschlossenen Hand vor den weisen Mann treten und ihn fragen, was er in dieser Hand verberge. Sollte wider Erwarten der weise Mann die Maus benennen, könnten durch die Zusatzfrage: „Ist das, was sich in der Hand befindet, lebend oder tot?" der weise Mann bloßgestellt werden. Lautete die Antwort „tot", würde die Hand geöffnet mit der lebenden Maus. Lautete die Antwort „lebend", könnte die Maus durch schnelles Zudrücken der Hand getötet werden.

Die Oberen gingen also zu dem weisen Mann und befragten ihn. Was ist in meiner Hand? Der weise Mann antwortete: „Eine Maus." Ist das in meiner Hand lebendig oder tot? Darauf antwortete der weise Mann: „Ob das, was ihr in euerer Hand haltet, lebt oder tot ist, liegt in eurer Hand."

Danke an alle geduldigen Zuhörer und Leser. Danke an alle diejenigen, die Geschichten weitererzählen. Danke an all die, die uns Geschichten geschenkt haben, und danke an all diejenigen, die uns noch weitere schenken werden.

Quellen

Prolog

1 Branster, Gerhard: die Ochsenwette; Hinstorff-Verlag, Rostock, 1985, S. 82 f.

Visionen & Ziele

1. Hoffsümmer, Willi, Kurzgeschichten, Bd. 3, Nr. 200, Matthias Grünewald Verlag, Mainz, 1993

2. Hoffsümmer, Willi, Kurzgeschichten, Bd. 3, Nr. 169, Matthias Grünewald Verlag, Mainz, 1993

3. Aus Momo von Michael Ende, S. 35 – 37, Hannover, 1973

4. Osho Neo Tarot, Osho Verlag, 4. Aufl., Köln, 1993

5. Hoffsümmer, Willi, Kurzgeschichten, Bd. 2, Nr. 151, Matthias Grünewald Verlag, Mainz, 1993

6. Robert F. Meger – Zielanalyse, S. 7, Beltz Verlag, Weinheim, 1973

Fähigkeiten & nützliche Perspektiven

7. Hoffsümmer, a.a.O.

8. Perseschkian, Der Kaufmann und der Papagei

9. Hoffsümmer, Willi, Bd. 4, Nr. 177, Kommentar: Burton, Matthias Grünewald Verlag, Mainz, 1994

10. Quelle: „Influence" by Robert Cialdini, freie Übersetzung: Iris Seim

11. Hoffsümmer, Willi, Kurzgeschichten, Bd. 3, Nr. 141, Matthias Grünewald Verlag, Mainz, 1993

12. Ornstein, Robert: Die Psychologie eines Bewußtseins, Fischer Taschenbuch, Frankfurt, 1976, S. 113 f.

Wege & Strategien

13. Die Sufis, Botschaft der Derwische, Weisheit der Magier – Diederichs gelbe Reihe, Eugen Diederichs Verlag, 1994, S. 221

14. Arthur Lassen: Heute ist mein bester Tag, LET-Verlag, Lassen, 1997

15. nach Johann Peter Hebel

16. Hoffsümmer, Willi, Kurzgeschichten, Bd. 1, Nr. 123, Matthias Grünewald Verlag, Mainz, 1993

17. Hoffsümmer, Willi, Bd. 1, Nr. 21

18. Hoffsümmer, Willi, Bd. 1, Nr. 123

Kreativität & Ideen

Einleitung: „Jacks Besuch beim Doktor", aus Roger von Oeck, Der kreative Kick, Multimind, Junfermann Verlag, 1997, S. 14

19. Roger von Oech, Der kreative Kick, Multimind, Junfermann Verlag, 1997

20. Seminarerfahrung und eigene Ergänzungen

21. Kersting, H. J. Kommunikationssystem Supervision, Aachen, 1992, ISB., S. 141 ff.

22. Hoffsümmer, Willi, Kurzgeschichten, Bd. 2, Nr. 30, Matthias Grünewald Verlag, Mainz, 1994, eigene Ergänzungen

23. Die Sufis, Botschaft der Derwische, Weisheiten der Magier – Diederichs gelbe Reihe, 1994, S. 60

24. Robert Dilts, aus: Steve und Connirare Andreas: Das NLP-Trainer-Manual für die Praktikerstufe, Hrsg: Josef Kirschner, 2. überarbeitete Auflage, 1993

Mut & Grenzen

25. Ausubel, 1948

26. Dschuang Dsi, Das wahre Buch vom südlichen Blütenland – Diederichs gelbe Reihe, Eugen Diederichs Verlag, 9. Auflage, 1996, S. 187

27. Hoffsümmer, Willi, Kurzgeschichten, Bd. 1, Nr. 90, Matthias Grünewald Verlag, Mainz, 1993

28. Seminarerfahrung, nach Jack Canfield und Mark V. Hansen

29. Reichel, Gerhard, Der Indianer und die Grille, Brigitte Reichel Verlag, S. 113

30. Alexander, Sybille, Am Torfeuer erzählt, J. Ch. Mellinger Verlag, Stuttgart, 1994

Charisma & Ausstrahlung

31. Kahlil Gibran, Der Vorbote, Walter-Verlag AG, Solothurn und Düsseldorf, 1994, S. 9 ff.

32. Buber, Martin, Die Erzählungen der Chassidim, Manesse Verlag GmbH, Conzett und Huber, Zürich, 1948

33. Perseschkian, Der Kaufmann und der Papagei

34. Perseschkian, Der Kaufmann und der Papagei

35. Der Brief eines alten kalifornischen Mönches – gefunden bei Elisabeth Kühne an der Toilettentür, geht Recherchen zufolge auf ein Gedicht von Nadine Stair zurück. Es wurde geschrieben, als sie 85 Jahre alt war und hieß in der Original-fassung: „Wenn ich mein Leben noch einmal zu leben hätte".

36. Hoffsümmer, Willi, Kurzgeschichten, Bd. 2, Nr. 52, Matthias Grünewald Verlag, Mainz, 1994

Freundschaft & Partnerschaft

37. Janosch

38. Seminarerfahrung

39. Hoffsümmer, Willi, Kurzgeschichten, Bd. 2, Nr. 22, Matthias Grünewald Verlag, Mainz, 1994

40. Reichel, Gerhard, Der Indianer und die Grille, Brigitte Reichel Verlag, Nr. 114, 1996

41. Hoffsümmer, Willi, Kurzgeschichten, Bd. 4, Nr. 119, Matthias Grünewald Verlag, Mainz, 1994, Kommentar: Christiane Allert-Wybranietz

42. Nacherzählt und gehört von Elisabeth Kühne, Hamburg

Führen & Steuern

43. Shah, S. 125 ff.

44. Hagemann, Hans Werner, unveröffentl. Text 1993, zitiert nach Anthony Robbins, Das Power-Prinzip

45. Die Sufis, Botschaft der Derwische, Weisheit der Magier – Diederichs gelbe Reihe, Eugen Diederichs-Verlag, 1994, S. 75

46. Hoffsümmer, a.a.O.

47. Dschuang Dsi, Das wahre Buch vom südlichen Blütenland, Eugen Diederichs Verlag, 9. Auflage, 1996, S. 54

48. Lumma, Klaus, Teamfibel, Windmühlenverlag

Team & Kooperation

49. Alexander, Sybille, Am Torfeuer erzählt, J. Ch. Mellinger Verlag, Stuttgart, 1994

50. nach Arthur Schopenhauer

51. Hoffsümmer, Willi, Kurzgeschichten, Bd. 4, Nr. 132, Matthias Grünewald Verlag, Mainz, 1993

52. Die Sufis, Botschaft der Derwische, Weisheiten der Magier – Diederichs gelbe Reihe, 1994, S. 28

53. Hoffsümmer, a.a.O.

54. Seminarerfahrung

Konflikte & Lösungen

55. Osho Neo-Tarot, S. 37 f., aus: The Discipline of Transcendence, Bd. 4, S. 220

56. Manfred Kyber Buch, Rohwolt, 1990

57. Osho Neo-Tarot, S. 57 f., aus: Nicht bevor du stirbst, S. 208, 216 – 235

58. Lasko, Wolf W., Dream Teams, Gabler Verlag, Wiesbaden, 1996, S. 232

59. Mohl, Alexa, Der Wächter am Tor zum Zauberwald, Junfermann Verlag, Paderborn, 1997, S. 166

60. Stephen R. Covey, Die sieben Wege zur Effektivität, Campus

Erfolg & Glück

Einleitung: Robert Fulghum

61. Perseschkian, Der Kaufmann und der Papagei

62. Paul Coelho, Der Alchimist, S. 37, Diogenes Verlag

63. Hoffsümmer, Willi, Kurzgeschichten, Bd. 4, Nr. 147, Matthias Grünewald Verlag, Mainz, 1993

64. Alexander, Sybille, Am Torfeuer erzählt, J. Ch. Mellinger Verlag, Stuttgart, 1994

65. Nach Erich Kästner

66. Osho Neo-Tarot, S. 28/29, aus: THE BELOVED, Bd. 1, S. 126-127

Freiheit & Spiritualität

67. Die 5 Freiheiten von Virginia Satir

68. John Fowles, The Magus, 1977, Dt: Der Magus, München, S. 607 f., Ullstein/K. Graf Dürckheim, Wunderbare Katze, Herder Spektrum, 1996

69. Walter Lehmann, Schade, dass wir keine Peruaner sind, Verlag Junge Stimme, Stuttgart

70. Hoffsümmer, Willi, Kurzgeschichten, Bd. 2, Nr. 161, Matthias Grünewald Verlag, Mainz, 1994

71. Hoffsümmer, Willi, Kurzgeschichten, Bd. 1, Nr. 407, Matthias Grünewald Verlag, Mainz, 1993

72. Mutter Teresa

Epilog

Hoffsümmer, Willi, Kurzgeschichten, Bd. 2, Nr. 127, Matthias Grünewald Verlag, Mainz, 1994

Literatur

Buchner, Dietrich (Hrsg.), Mehr Kundennähe, Gabler, Wiesbaden, 1998

Buchner, Dietrich (Hrsg.), Outdoor, Gabler, Wiesbaden, 1996

Buchner, Dietrich (Hrsg.), Teamcoaching, Gabler, Wiesbaden, 1995

Canfield, Jack und *Hansen, Marc Victor,* Hühnersuppe für die Seele, Goldmann Verlag, München, 1996

Coelho, Paulo, Der Alchimist, Diogenes Verlag

Dschuang Dsi, Die Philosophie Chinas, Das wahre Buch vom südlichen Blütenland, 1982, Diederichs Verlag

Dürckheim, K. Graf, Wunderbare Katze, Herder, Spektrum, 1996

Jameson, Egon, abc der klügsten Sätze, Consens-Verlag, 1990

Jiddu Krishnamurti – Fragen und Antworten, 1/85, Goldmann Verlag, München, 1985

Lasko, Wolf W., Ihr persönliches Erfolgsprogramm: So erreichen Sie Ihre Ziele, Düsseldorf, Wien, Econ, 1991

Lasko, Wolf W., Charisma, Gabler Verlag, Wiesbaden, 1994

Lasko, Wolf W., Personal Power, Gabler Verlag, Wiesbaden, 1995

Lasko, Wolf W., Small talk und Karriere, Gabler Verlag, Wiesbaden, 1993

Lassen, Arthur, Heute ist mein erster Tag, LET-Verlag, Mai 1997

Mello, Anthony de, Eine Minute Unsinn, Herder, 1997

Nair, Keshavan, Führen durch Vorbild, Lehren aus dem Leben Gandhis, Verlag Hermann Bauer, Freiburg im Breisgau, 1997

Osho Neo-Tarot, Osho Verlag, 4. Aufl., Köln, 1993

PD: Ouspensky, Der vierte Weg, Sphinx-Verlag

Reichel, Gerhard, Der Indianer und die Grille, Brigitte Reichel Verlag, Forchheim, 1996

Rerfarth, Wilfried und *Scherpner, Martin,* Der Elefant, Eigenverlag des Deutschen Vereins für öffentliche und private Fürsorge, Frankfurt, 1993

Saint-Exupéry, Antoine de, Worte wie Sterne, Herder, Freiburg im Breisgau, 1982

Seim, Iris und *Anders,* Konfliktcoaching, unveröffentlichtes Manuskript, 1995

Zitate, Pointen, Geistesblitze – von Aristoteles bis Zuckmayer ausgewählt von Gerhard Reichel, Brigitte Reichel Verlag, Forchheim, 1995

Zürn, Peter, Führung und Vorbild, Edition Blickbuch, FAZ, Frankfurt, 1997

Die Autoren

Dr. Wolf W. Lasko, Jahrgang 1953, ist gefragter Trainer, Managementberater und Geschäftsführer der Winner's Edge, Gesellschaft für resultateorientierte Veränderungsprozesse mit 46 Partnern. Ferner ist er geschäftsführender Gesellschafter der B.E.S.T. GmbH – Business Excellence Strategy Team, die sich mit Prozeß-Design BPR und IT auseinandersetzt. Er ist Autor zahlreicher Bücher; allein bei Gabler sind bereits acht Titel erschienen.

Iris Seim, Jahrgang 1966, ist Diplom-Psychologin, DVNLP-Ausbilderin und Geschäftsführerin der Unternehmensberatung PMC in Saarbrücken. Als Coach, Moderatorin und Trainerin liegen ihre Schwerpunkte seit acht Jahren im Bereich Einführung und Umsetzung von Gruppenarbeit – auch in Verbindung mit Outdoor, Führung und Teamentwicklung. Sie ist Mitautorin in den von Dietrich Buchner herausgegebenen Büchern „Teamcoaching", „Outdoor-Training" und „Mehr Kundennähe", die alle im Gabler Verlag erschienen sind.

Managementbücher kompetent - kritisch - kreativ

Tapscott, Don
Net Kids
Die digitale Generation erobert Wirtschaft und Gesellschaft
1998. 405 S. Br.
DM 48,00
ISBN 3-409-19287-5
Das erste Buch zum Thema Cyberkids und deren revolutionären Folgen für Wirtschaft und Gesellschaft. In seinem faszinierenden US-Bestseller stellt der Cyber-Guru Tapscott die Netzgeneration vor - wie sie lernt und kreativ ist, wie sie arbeitet und wirtschaften wird. Ein fesselnd geschriebenes Buch, unverzichtbar für zukunftsorientierte Manager - und für die „Eltern in den Managern".

Davis, Stan/
Meyer, Christopher
Das Prinzip Unschärfe
Neue Spielregeln, neue Chancen, neue Märkte in einer vernetzten Welt
1998. 220 S. Geb.
DM 68,00
ISBN 3-409-18984-X
US-Bestseller von zwei renommierten Ernst & Young-Autoren, nach vier Monaten 100.000 Mal verkauft. Ein grandioser Entwurf zur gerade entstehenden atemlosen Real-Time-Wirtschaft mit ihren unscharfen Grenzen zwischen Unternehmen und Kunden, Produkten und Dienstleistungen. Mit vielen Fallbeispielen und konkreten Handlungskonzepten zur Nutzung der zahlreichen neuen Marktchancen.

Kennedy, Carol
Management Gurus
40 Vordenker und ihre Ideen
1998. 228 S. Geb.
DM 68,00
ISBN 3-409-18983-1
Einzigartig auf dem deutschen Markt: die vierzig wichtigsten Management-Denker und ihre Ideen, komprimiert und flüssig geschrieben. Ein Buch für alle, die sich einen schnellen Überblick verschaffen und kompetent mitreden wollen. Englischer Bestseller von preisgekrönter Managementjournalistin, mit Glossar zu den wichtigsten Management-Konzepten. Ideal auch als Geschenkbuch sowie als Fundgrube für Zitate.

Kendall, Robin
Risk Management
Unternehmensrisiken erkennen und bewältigen
1998. 246 S. Geb.
DM 78,00
ISBN 3-409-18982-3
Das einzige Buch zum Risk-Management, das nicht bei Banken und Währungsrisiken stehenbleibt. Nützlich für die Bewältigung von Markt-, Kredit-, operativen und Rechtsrisiken von Banken, Industrie- und mittelständischen Unternehmen. Mit vielen Praxisbeispielen, u. a. zu Barings und Metallgesellschaft, und mit konkreten Strategien zur Behandlung des Jahr-2000-Risikos. Financial-Times-Standardwerk.

Buchner, Dietrich (Hrsg.)
Mehr Kundennähe
Von Kunden lernen, Kunden begeistern und binden
1998. 208 S. Geb.
DM 78,00
ISBN 3-409-18979-3
Erfolgreiche Unternehmen sind bestrebt, von ihren Kunden soviel wie möglich zu lernen. Kundennähe heißt, den Kunden als Lehrmeister anzuerkennen und das Unternehmen auf der Basis konsequenter Service-Orientierung zu steuern. Dieses Buch zeigt, wie das gelingt.

Lenz, Gerhard/ Ellebracht, Heiner/ Osterhold, Gisela
Vom Chef zum Coach
Der Weg zu einer neuen Führungskultur
1998. 180 S. Geb.
DM 68,00
ISBN 3-409-18995-5
„Vom Chef zum Coach" zeigt, welche Fähigkeiten Führungskräfte für zielgerichtetes Coaching benötigen. Eine Fülle praxiserprobter Anleitungen zur Änderung des Führungsverhaltens eröffnet Perspektiven für die Gestaltung einer neuen Führungs- und Unternehmenskultur.

Treier, Ralph
Macht und Ohn-Macht im Management
Wie Sie Führungsstärke und Teampower erfolgreich verbinden
1998. 288 S. Geb.
DM 78,00
ISBN 3-409-18855-X
Der Autor zeigt die Hintergründe des betrieblichen Phänomens „Machtspiele" und gibt dem Leser Instrumente an die Hand, um Machtspiele zu vermeiden oder damit konstruktiv umzugehen. Ziel ist, klare Führung mit erfolgreicher Team-Entwicklung zu verbinden.

Michel, Reiner
Komprimiertes Kennzahlen-Know-how
Analysemethoden, Frühwarnsysteme, PC-Anwendungen - mit vielen Checklisten und Schaubildern
1998. 210 S. Br.
DM 78,00
ISBN 3-409-18988-2
Anhand von vielen Praxisbeispielen zeigt das Buch die Anwendungsmöglichkeiten von Unternehmens- und Projektkennziffern, incl. FIS, dem Finanz-Management-Informationssystem von SAP.

Lochmann, Hans-Dieter/
Köllgen, Rainer (Hrsg.)
Facility Management
Strategisches Immobilien-
management in der Praxis
1998. 184 S. Geb.
DM 98,00
ISBN 3-409-18860
Immobilien stellen für
Unternehmen einen erheb-
lichen Kostenfaktor dar.
Dieses Buch zeigt anhand
zahlreicher Praxisbeispiele
Möglichkeiten, diese Kosten
zu optimieren und die rund
um das Gebäude angesie-
delten Leistungen effizient
zu strukturieren und zu
managen. Zahlreiche „Best
Practices" und Fallstudien
der weltweit führenden
Facility-Managementunter-
nehmen geben Anregungen
für die Umsetzungen in der
betrieblichen Praxis.

Kraus, Georg/
Westermann, Reinhold
**Projektmanagement
mit System**
Organisation, Methoden,
Steuerung
3., erweiterte Auflage
1998. 216 S. Geb.
DM 68,00
ISBN 3-409-38758-7
Im Mittelpunkt dieses
Praxisleitfadens stehen
Organisation und Metho-
den, Abwicklung und
Steuerung, menschliche
Aspekte und Hindernisse in
der Projektorganisation.
Neu gegenüber der vorheri-
gen Auflage sind nützliche
Checklisten für den Projekt-
trainer und ein
Beispielprojekt am Ende
des Buches.

Enkelmann, Nikolaus B.
Die Sprache des Erfolgs
Rhetorik und Persönlichkeit
- So stärken Sie Ihr Ich
2. Aufl. 1998. 240 S. Geb.
DM 58,00
ISBN 3-409-29626-3
Der renommierte
Motivationstrainer Nikolaus
B. Enkelmann zeigt in die-
sem außergewöhnlichen
Ratgeber, wie es gelingt,
mit innerer Stärke
Gesprächspartner für sich
zu gewinnen. „Das Buch ist
ein Muß für alle, deren täg-
liche Aufgabe im Überzeu-
gen von Gesprächspartnern
besteht."
Wirtschaftsnachrichten

GABLER

Kompetenz in
Sachen Wirtschaft

Schneller Wandel, Ver-
netzung und Globalisie-
rung stellen Führungs-
kräfte fast täglich vor
neue Herausforderungen.
Um darauf vorbereitet
zu sein, brauchen sie
zukunftsgerichtetes
Hintergrundwissen,
innovative Praxiskon-
zepte und intelligente
Arbeitstechniken.

Gabler Management-
bücher bieten hierzu
umfassendes Know-how,
von Praktikern für
Praktiker: neueste
Konzepte für Führung,
Online-Business und
Change-Management;
konkrete Instrumente für
Marketing, Verkauf und
Controlling; wertvolle
Ratgeber zu Wissens-
und Selbstmanagement.

Nutzen Sie die Gabler
Managementbücher als
kompetente Entschei-
dungshilfe, zur persönli-
chen Weiterentwicklung
und als Impulsgeber für
neue Ideen und Inno-
vationen. Damit Sie
Ihrer Konkurrenz den
entscheidenden Schritt
voraus sind.

Weitere Informationen
erhalten Sie bei Ihrem
Buchhändler oder direkt
vom Verlag unter
Tel. 0611/7878-615.
Oder Sie besuchen uns
im Internet:
www.gabler-online.de

Wittschier, Bernd M.
Konflixt und zugenäht
Konflikte kreativ lösen
durch Wirtschafts-Mediation
1998. 208 S. Geb.
DM 68,00
ISBN 3-409-18967-X
Die Führungskraft der
Zukunft muß vor allem eine
Managertugend stärker als
bislang entwickeln: Konflikt-
kompetenz. Eine spannende
Lektüre, die viele Einsichten
vermittelt und zeigt, wie
effektives Konfliktmanage-
ment durch Mediation
möglich ist - zum Vorteil
des Unternehmens und
aller Beteiligten.

Frantzen, Dieter
Effizient lernen
Wie Sie Ihre Qualifikation
selbst managen
1998. 192 S. Geb.
DM 68,00
ISBN 3-409-18854-1
Wissen veraltet heute
schnell, und deshalb ist
effizientes Lernen wichtiger
denn je. Diese praxisorien-
tierte, anschauliche und mit
Fallbeispielen gespickte
Darstellung gibt dem Leser
Instrumente an die Hand,
mit denen er zum
Manager seines eigenen
Wissens wird.

Girard, Joe
**Abschlußsicher verkaufen
mit Joe Girard**
Die goldenen Regeln des
besten Verkäufers der Welt
1998. 208 S. Geb.
DM 58,00
ISBN 3-409-18404-X
Vom Schuhputzer zum
Starverkäufer: Joe Girards
Karriere ist die Verkörperung
des amerikanischen Traums.
Der US-Bestseller ist die
gebündelte Erfahrung eines
Mannes aus der Praxis -
keine komplizierten
Theorien, sondern schillern-
de Erlebnisse.

Änderungen vorbehalten.